Quadro da Arquitetura no Brasil

nestor goulart reis filho

QUADRO DA ARQUITETURA NO BRASIL

PERSPECTIVA

Coleção Debates
Dirigida por J. Guinsburg

CIP-Brasil. Catalogação-na-Fonte
Sindicato Nacional dos Editores de Livros, RJ

Reis Filho, Nestor Goulart
    Quadro da arquitetura no Brasil / Nestor Goulart Reis
Filho. – São Paulo : Perspectiva, 2014.

    13ª edição
    Bibliografia.
    ISBN 978-85-273-0113-8

    1. Arquitetura – Brasil – História 2. Arquitetura – Brasil
– História – Século 19 3. Cidades 4. Patrimônio cultural –
Proteção 5. Urbanização – I. Título.

06-4750   CDD-720.981

Índices para catálogo sistemático:
1. Brasil: Arquitetura : História   720.981

13ª edição
[PPD]

Direitos reservados à

EDITORA PERSPECTIVA S.A.
Av. Brigadeiro Luís Antônio, 3025
01401-000 São Paulo SP Brasil
Telefax: (11) 3885-8388
www.editoraperspectiva.com.br
2019

A Ruth,
minha mãe

SUMÁRIO

Nota Introdutória

LOTE URBANO E ARQUITETURA NO BRASIL

1.	Lote urbano e arquitetura	15
2.	O lote urbano colonial	21
3.	A implantação da arquitetura no século XIX	33
4.	A implantação da arquitetura no século XX	53
5.	Brasília	97
6.	Uma nova perspectiva	105

ARQUITETURA BRASILEIRA NO SÉCULO XIX

1. O neoclássico da Academia Imperial 113
2. O neoclássico nas províncias 123
3. Interpretação do neoclássico 135
4. As condições da arquitetura na segunda metade do século 145
5. A evolução das técnicas construtivas 155
6. As residências 169
7. Crítica do ecletismo 179

SOBRE O PATRIMÔNIO DE CULTURA 189

Bibliografia 205
Bibliografia do autor 207
Índice das ilustrações 209

NOTA INTRODUTÓRIA

Em 1962, por apresentação do mestre e amigo Lourival Gomes Machado, começamos a preparar algumas notas sobre Arquitetura para o "Suplemento Literário" de *O Estado de São Paulo*. Dessa colaboração resultaram alguns ensaios, com os quais procurávamos delinear um quadro de referências básicas para o estudo da Arquitetura no Brasil, revelando um esquema, a partir do qual vínhamos desenvolvendo nossas pesquisas na Faculdade de Arquitetura e Urbanismo. Tentando encarar os fenômenos arquitetônicos com a objetividade de uma abordagem científica, tínhamos necessidade de superar os limites das análises de problemas puramente formais, para relacionar a arquitetura com um quadro mais amplo, especialmente com as estruturas urbanas e com as condições de evolução social e cultural do Brasil, isto é, tínhamos necessidade de deixar de encará-la como simples transposição de arquitetura européia, para reconhecer a evolução de suas condições concretas de produção e uso no país.

Assim, os ensaios publicados no ''Suplemento Literário'' entre 1963 e 1969, – alguns deles, com pequenos acréscimos, apareceram em *Acrópole*, revista especializada em assuntos de arquitetura – ainda que tratando de problemas diversos entre si, têm uma linha comum de desenvolvimento. Por isso, talvez, a generosidade de Aracy Amaral e dos demais críticos e artistas, que compõem o Conselho Editorial da Coleção ''Debates'', conseguiu encontrar interesse em reuni-los sob a forma de livro.

Esse material, agora tratado com roupagem nova, apresenta observações alinhadas ao longo de pesquisas sobre três áreas principais. A primeira série de ensaios procura destacar a interdependência entre os modelos de arquitetura urbana utilizados no Brasil e as estruturas das cidades em que estão inseridos – isto é, o quadro urbano – indicando simultaneamente as diretrizes seguidas pela evolução, no tempo, desse conjunto de relações e as formas que atingem na atualidade, bem como suas perspectivas de desenvolvimento. Esses estudos mostram o jogo complexo das relações entre os espaços públicos e os espaços privados, entre a propriedade e os interesses coletivos, entre as determinações e os limites da criação, focalizando, a partir do lote urbano, temas depois retomados por vários autores e ainda hoje em discussão. O sentido com que foram ordenadas essas observações e as limitações metodológicas do estudo realizado estão indicados em uma nota preliminar da própria série.

O segundo grupo reúne as primeiras conclusões de um programa de pesquisa, ainda em andamento, sobre a arquitetura brasileira no século XIX, que tem contado com auxílios da Fundação de Amparo à Pesquisa do Estado de São Paulo. O tema é especialmente interessante, porque permite focalizar as dificuldades do emprego de uma interpretação puramente formal para a explicação das transformações ocorridas durante aquele período da história brasileira. De fato, à primeira vista a evolução da Arquitetura no Brasil, durante o século XIX, aparece como um conjunto de fenômenos de relativa simplicidade. É fácil perceber, por exemplo, que no início do século, com o processo de independência política, os padrões barrocos, que haviam prevalecido durante o período colonial, são substituídos pelo Neoclássico, que se torna a arquitetura oficial do Primeiro e do Segundo Império, mantendo-se em uso até a Proclamação da República.

Da mesma forma, não é difícil reconhecer que na segunda metade do século, com a instalação das estradas de ferro e o desenvolvimento das cidades, ocorreu uma crescente influência do Ecletismo – estilo que aproveitava as formas arquitetônicas de todas as épocas e de todos os países – que passou a predominar a partir da proclamação da República.

Um exame cuidadoso e menos formal, estabelecido com um quadro de referências mais amplo, revela porém que essa evolução é muito mais complexa do que parece e que a história da Arquitetura no Brasil, durante o século XIX, é sobretudo a história de um país no qual arquitetos e engenheiros procuram alcançar um certo nível de independência cultural e tecnológica, enquanto as condições econômico-sociais continuam a ser basicamente as mesmas do período colonial.

Por fim, com o trabalho sobre o patrimônio cultural, pretendemos pôr em evidência a importância da utilização mais intensa de nosso patrimônio de arte e história, para a realização de programas culturais criativos, nas regiões mais densamente urbanizadas do país. Ao mesmo tempo, destacamos suas repercussões na integração social das populações dessas áreas e suas conseqüências indiretas para as indústrias do turismo e da cultura. O assunto é analisado a partir das condições culturais que estão ocorrendo na Região Metropolitana de São Paulo mas poderia servir como introdução ao estudo de problemas que já vão ocorrendo em diversas regiões do país, como conseqüência de uma industrialização acelerada. A forma pela qual o problema é focalizado de certo modo complementa a perspectiva crítica estabelecida para o século XIX: no momento em que o país se propõe a construir a sua independência econômica, a cultura e a tecnologia deverão deixar de ser produtos de importação, para serem necessariamente elaboradas em nosso país, para o consumo da própria população.

Tanto o conteúdo como a forma de exposição de todos esses trabalhos evidenciam o seu caráter de en-

11

saios, mais do que de obras com tratamento metodológico sistemático. Por isso mesmo, são escritos em linguagem mais simples e mais direta do que a que é usada em trabalhos técnicos e seu tom consegue ser, às vezes, mais ameno, atendendo aos interesses dos não-especialistas. Por tudo isso acreditamos que sirvam mais à abertura de debates do que ao seu encerramento e favoreçam aquela participação, que afirmamos em um dos capítulos, ser condição da cultura no mundo contemporâneo. Essa participação se traduz no DEBATE, que é, afinal, o objetivo da coleção dirigida por J. Guinsburg.

Lote urbano e arquitetura no Brasil

O neoclássico

arquitetura oficial

1 Lote urbano e arquitetura

Em cada época, a arquitetura é produzida e utilizada de um modo diverso, relacionando-se de uma forma característica com a estrutura urbana em que se instala.

As principais cidades brasileiras e seus edifícios foram em grande parte estruturados nos séculos passados e funcionam precariamente nos dias atuais.

O estudo de sua evolução ajudará a transformá-los.

Um traço característico da arquitetura urbana é a relação que a prende ao tipo de lote em que está implantada. Assim, as casas de frente de rua, do período colonial, cujas raízes remontam às cidades medievo-renascentistas da Europa, ou as casas de porão habitável com jardins do lado, características do século XIX ou, ainda, os edifícios de apartamento das superquadras de Brasília, são conjuntos tão coerentes, que não é possível descrevê-los completamente sem fazer referência à forma de sua implantação. Ao mesmo tempo, não é difícil constatar que os lotes urbanos têm correspondido, em princípio, ao tipo de arquitetura que irão receber: os lotes medievo-renascentistas à arquitetura daqueles tempos, os lotes mais amplos do século XIX e início do século XX às casas com jardins particulares e, finalmente, as superquadras à complexidade dos programas residenciais recomendados pelo urbanismo contemporâneo. As mudanças ocorridas em ambos os setores, através da História, são de molde a indicar a persistência de um conjunto de inter-relações, cujo conhecimento é sempre da maior importância, seja para o estudo da arquitetura, seja para o estudo dos aspectos urbanísticos. Como ressalva, apenas será de notar que a arquitetura é mais facilmente adaptável às modificações do plano econômico-social do que o lote urbano, pois as modificações deste exigem, em geral, uma alteração do próprio traçado urbano. Em decorrência, os sinais da evolução podem ser reconhecidos quase sempre — senão sempre — em primeiro lugar no plano arquitetônico e só depois no urbanístico, onde são fruto de uma adaptação mais lenta. Essa defasagem explica algumas aparentes contradições, como, por exemplo, a utilização corrente de esquemas do século XIX em bairros novos das cidades brasileiras dos dias atuais, quando o seu emprego já vai sendo considerado como um arcaísmo em países mais desenvolvidos. Contudo, como se poderá observar do material a seguir apresentado, a arquitetura terá que aguardar a evolução dos modelos urbanísticos, para alcançar o pleno desenvolvimento das soluções arquitetônicas correspondentes.

A perspectiva que queremos destacar é, portanto, a da interdependência entre arquitetura e lote urbano, quando são amadurecidos pelas tradições, de modo informal, ou quando são pensados e planejados racionalmente. Isto significa que, ao examinarmos uma arquitetura condicionada por um certo estágio tecnológico e por determinadas solicitações de ordem sócio-cultural e econômica e, simultaneamente, ao examinarmos um traçado urbano condicionado por outros fatores, admitimos que estes compromissos tendem a gerar, dentro das possibilidades colocadas, tipos de relações e configurações que satisfaçam às duas ordens de solicitações. Essas são, basicamente, as relações entre os espaços públicos e os espaços privados.

Dentro de intervalos de tempo relativamente longos, tais configurações devem conseguir uma certa validade e, conseqüentemente, uma certa estabilidade, tornando-se tradicionais, uma vez que consigam satisfazer a um número grande de imposições e funções, tanto arquitetônicas, quanto urbanísticas. Todavia, as transformações permanentes dos diferentes fatores de influência, sejam tecnológicos, sejam econômico-sociais, exigem uma adaptação permanente daquelas relações. O desenvolvimento deste processo constitui a evolução da implantação da arquitetura urbana.

A análise dessas relações e sua evolução oferece, evidentemente, possibilidades explicativas relevantes, tanto para o estudo da arquitetura, quanto para o estudo dos próprios fenômenos urbanos. Julgamos então oportuno chamar atenção para o assunto e, sobretudo, para certas conclusões que nos parecem válidas, passíveis de serem tiradas com base no material existente no Brasil.

Procuramos dividir o assunto, de modo sumário, focalizando o período colonial e os séculos XIX e XX, mas suas proporções resultaram desiguais, segundo as necessidades de exposição e conforme a maior ou menor riqueza do material. A dificuldade mais séria que encontramos foi, porém, a ausência de bibliografia ampla sobre a arquitetura urbana, à qual pudéssemos nos reportar. Desse modo, quase sempre que se tornava necessário mencionar elementos arquitetônicos, éramos obrigados a apresentar modelos sumários, desdobrando o trabalho, mas, princi-

As estruturas urbar

relacionac

a arquitetura

modo diverso.

palmente, dificultando a manutenção de uma única linha de exposição.

Tratando-se de trabalhos com as características de ensaio, onde não caberia uma tentativa de comprovação sistemática de nossas observações, buscamos compensar-nos com o recurso a uma exemplificação mais ampla, compreendendo material de diversas regiões do país, o que talvez venha a servir, quando nos aproxima dos leitores de outros estados.

2 O lote urbano colonial

A produção e o uso da arquitetura e dos núcleos urbanos coloniais baseavam-se no trabalho escravo.

Por isso mesmo, o seu nível tecnológico era dos mais precários.

As vilas e cidades apresentavam ruas de aspecto uniforme, com casas térreas e sobrados construídos sobre o alinhamento das vias públicas e sobre os limites laterais dos terrenos.

Pode-se afirmar com segurança que durante o período colonial a arquitetura residencial urbana estava baseada em um tipo de lote com características bastante definidas. Aproveitando antigas tradições urbanísticas de Portugal, nossas vilas e cidades apresentavam ruas de aspecto uniforme, com residências construídas sobre o alinhamento das vias públicas e paredes laterais sobre os limites dos terrenos. Não havia meio-termo; as casas eram urbanas ou rurais, não se concebendo casas urbanas recuadas e com jardins. De fato, os jardins, como os entendemos hoje, são complementos relativamente recentes, pois foram introduzidos nas residências brasileiras durante o século XIX. Sabe-se que o Palácio de Friburgo do Príncipe de Nassau, no Recife, possuía um, com a denominação de jardim botânico, mas tal palácio era considerado como sua residência de verão e era situado em local um pouco isolado, reunindo características de chácara. Mesmo os Palácios dos Governadores, na Bahia, Rio de Janeiro e Belém, foram edificados como as residências comuns, sobre o alinhamento das vias públicas; nesses casos, a ausência de elementos de acomodação ao exterior era mais sensível, uma vez que tais edifícios davam frente para mais de uma via pública e eram de proporções incomuns.

No Pará ou no Recife, em Salvador ou em Porto Alegre, encontram-se ainda hoje casas térreas e sobrados dos tempos coloniais, edificados em lotes mais ou menos uniformes, com cerca de dez metros de frente e de grande profundidade. Também em São Paulo as áreas mais antigas do centro eram edificadas com residências desse tipo; restam ainda hoje alguns exemplares, bastante significativos: um à rua José Bonifácio, antigo número 20, em frente à rua Senador Paulo Egídio[1] e outro à rua Tabatingüera.

O esquema apontado envolvia ainda a própria idéia que se fazia de via pública. Numa época na qual as ruas, com raras exceções, ainda não tinham calçamento, nem eram conhecidos passeios — recursos desenvolvidos já em épocas mais recentes, como meio de seleção e aperfeiçoamento do tráfego — não seria possível pensar em ruas sem prédios; ruas sem edificações, definidas por cercas, eram as estradas. A rua existia sem-

(1) Demolido em 1969.

O sobrado e o lote

uma só realidade.

pre como um traço de união entre conjuntos de prédios e por eles era definida espacialmente.

Nessa época ainda eram desconhecidos os equipamentos de precisão da topografia e os traçados das ruas eram praticados por meio de cordas e estacas e não havia portanto possibilidade de serem mantidos, por muito tempo, traçados rígidos, sem que fossem erigidos os edifícios correspondentes. A impressão de monotonia era acentuada pela ausência de verde. Inexistindo os jardins domésticos e públicos[2] e a arborização das ruas, acentuava-se naturalmente a impressão de concentração, mesmo em núcleos de população reduzida. Atenuavam-na apenas os pomares derramando-se por vezes sobre os muros.

A uniformidade dos terrenos correspondia à uniformidade dos partidos arquitetônicos: as casas eram construídas de modo uniforme e, em certos casos, tal padronização era fixada nas Cartas Régias ou em posturas municipais. Dimensões e número de aberturas, altura dos pavimentos e alinhamentos com as edificações vizinhas foram exigências correntes no século XVIII. Revelam uma preocupação de caráter formal, cuja finalidade era, em grande parte, garantir para as vilas e cidades brasileiras uma aparência portuguesa. As repetições não ficavam porém somente nas fachadas. Pelo contrário, mostrando que os padrões oficiais apenas vinham completar uma tendência espontânea, as plantas, deixadas ao gosto dos proprietários, apresentavam sempre uma surpreendente monotonia. As salas da frente e as lojas aproveitavam as aberturas sobre a rua, ficando as aberturas dos fundos para a iluminação dos cômodos de permanência das mulheres e dos locais de trabalho. Entre estas partes com iluminação natural, situavam-se as alcovas, destinadas à permanência noturna e onde dificilmente penetrava a luz do dia. A circulação realizava-se sobretudo em um corredor longitudinal que, em geral, conduzia da porta da rua aos fundos. Esse corredor apoiava-se a uma das paredes laterais, ou fixava-se no centro da planta, nos exemplos maiores.

As técnicas construtivas eram geralmente primitivas. Nos casos mais simples as paredes eram de pau-

(2) O mais antigo, o Passeio Público do Rio de Janeiro, é de fins do século XVIII.

24

A casa térrea

ao nível do chão

era a versão mais modesta.

-a-pique, adobe ou taipa de pilão e nas residências mais importantes empregava-se pedra e barro, mais raramente tijolos ou ainda pedra e cal. O sistema de cobertura, em telhado de duas águas, procurava lançar uma parte da chuva recebida sobre a rua e a outra sobre o quintal, cuja extensão garantia, de modo geral, a sua absorção pelo terreno. Evitava-se, desse modo, o emprego de calhas ou quaisquer sistemas de captação e condução das águas pluviais, os quais constituíam verdadeira raridade. A construção sobre os limites laterais, na expectativa de construções vizinhas de mesma altura, procurava garantir uma relativa estabilidade e a proteção das empenas contra a chuva, o que, quando não era correspondido, se alcançava através do uso de telhas aplicadas verticalmente. A simplicidade das técnicas denunciava, assim, claramente, o primitivismo tecnológico de nossa sociedade colonial: abundância de mão--de-obra determinada pela existência do trabalho escravo, mas ausência de aperfeiçoamentos. Os exemplares mais ricos apenas acentuavam essa tendência: apresentavam maiores dimensões, maior número de peças, sem, contudo, chegar a caracterizar um tipo distinto de habitação.

As variações mais importantes apareciam nas casas de esquina. Tendo a possibilidade de aproveitar duas fachadas sobre a rua, alteravam em parte o esquema de planta e telhado, menos para inovar, do que para conseguir o enquadramento de ambas nos modelos tradicionais. Outras variações — se é que chegavam a sê-lo — correspondiam ao aparecimento de corpos elevados, do tipo água-furtada ou "camarinha"; sua existência, porém, pressupunha a presença, logo abaixo, do esquema de telhado em duas águas, capaz de evitar o emprego de calhas e rufos.

O uso dos edifícios também estava baseado na presença e mesmo na abundância da mão-de-obra. Para tudo servia o escravo. É sempre a sua presença que resolve os problemas de bilhas d'água, dos barris de esgoto (os "tigres") ou do lixo, especialmente nos sobrados mais altos das áreas centrais, que chegavam a alcançar quatro, cinco e mesmo seis pavimentos. Era todo um sistema de uso da casa que, como a construção, estava apoiado sobre o trabalho escravo e, por isso mesmo, ligava-se a nível tecnológico bastante primi-

tivo. Esse mesmo nível tecnológico era apresentado pelas cidades, cujo uso, de modo indireto, estava baseado na escravidão. A ausência de equipamentos adequados nos centros urbanos, quer para o fornecimento de água, quer para o serviço de esgoto e, mesmo, a deficiência do abastecimento, eram situações que pressupunham a existência de escravos no meio doméstico; a permanência dessas falhas até à abolição poderia ser vista, até certo ponto, como uma confirmação dessa relação.

Os principais tipos de habitação eram o sobrado e a casa térrea. Suas diferenças fundamentais consistiam no tipo de piso: assoalhado no sobrado e de "chão batido" na casa térrea. Definiam-se com isso as relações entre os tipos de habitação e os estratos sociais: habitar um sobrado significava riqueza e habitar casa de "chão batido" caracterizava a pobreza. Por essa razão os pavimentos térreos dos sobrados, quando não eram utilizados como lojas, deixavam-se para acomodação dos escravos e animais ou ficavam quase vazios, mas não eram utilizados pelas famílias dos proprietários. No mais, as diferenças eram pequenas. Os planos maiores correspondiam, quase sempre, apenas a um rebatimento ou sobreposição dos esquemas de plantas mais simples. Ainda no início do século passado, diria Debret, examinando um exemplo de grande casa residencial no Rio de Janeiro: "O sistema de construção encontra-se, sem nenhuma alteração, nas grandes ruas comerciais, nas praças públicas e nos arrabaldes da cidade; a diferença está em que, nos bairros elegantes do Rio de Janeiro, o alto funcionário e o negociante reservam o andar térreo inteiro às cocheiras e estrebarias, ao passo que na cidade o comerciante nele instala os seus espaçosos armazéns"[3]...

Um outro tipo característico de habitação do período colonial era a chácara. Situando-se na periferia dos centros urbanos, as chácaras conseguiam reunir às vantagens dessa situação as facilidades de abastecimento e dos serviços das casas rurais. Solução preferida pelas famílias abastadas, ainda no Império e mesmo na República, a chácara denunciava, no seu caráter rural, a precariedade das soluções da habitação urbana

(3) Debret, Jean Baptiste. *Viagem Pitoresca e História do Brasil*. São Paulo, Editora Martins, 1949, vol. II, p. 262.

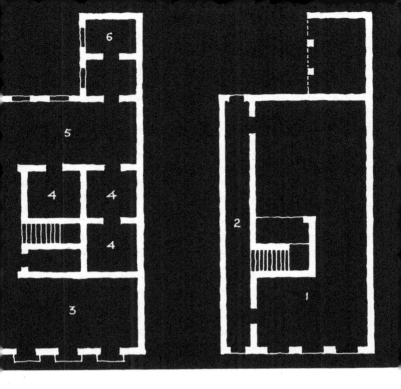

1. loja;   2. corredor de entrada para residência, independente da loja;   3. salão;   4. alcovas;   5. sala de viver ou varanda; 6. cozinha e serviços.

A produção e o uso da casa

baseavam-se no trabalho escravo

da época. O principal problema que solucionavam era o do abastecimento. Durante todo o período colonial e, em parte, até os dias atuais, as tendências monocultoras de nosso mundo rural contribuíram para a existência de uma permanente crise de abastecimento nas cidades. Assim sendo, as casas urbanas tentavam resolver em parte o problema, por meio de pomares, criação de aves e porcos ou do cultivo da mandioca e de um ou outro legume. Soluções satisfatórias eram porém conseguidas somente nas chácaras, as quais aliavam, a tais vantagens, as da presença de cursos d'água, substitutos eficientes para os equipamentos hidráulicos inexistentes nas moradas urbanas. Por tais razões, tornaram-se as chácaras habitações características de pessoas abastadas, que utilizavam as casas urbanas em ocasiões especiais. Mesmo os funcionários mais importantes e os comerciantes abastados, acostumados ao convívio social estreito e permanente, característicos de suas atividades, cuidavam de adquirir, sempre que possível, chácaras ou sítios, um pouco afastados, para onde transferiam suas residências permanentes. Porém, o afastamento espacial em que ficavam os moradores das chácaras em relação às cidades e vilas era considerado como medida de conforto e não como um desligamento daqueles centros.

Pelo contrário, o tipo de atividade econômica por eles desenvolvida deveria caracterizá-los como participantes da economia urbana. Além disso, as áreas, às vezes maiores, daquelas propriedades, não correspondiam a atividades econômicas especificamente rurais.

É famosa em Salvador a chácara do Unhão, construída no século XVIII e ainda hoje conservada, com sua majestosa residência, senzalas, embarcadouros, capela e até um grande serviço de abastecimento de água.

Esses hábitos, por certo, vinham acentuar a vinculação, ao mundo rural, dos centros pequenos. Construídas para acomodar apenas nos dias de festa os moradores das fazendas, as vilas e cidades menores tinham vida urbana intermitente, apresentando normalmente um terrível aspecto de desolação. Terá sido esta, por certo, a impressão de Saint-Hilaire sobre Taubaté, quando comenta, ao chegar àquela cidade, em 1882, que "como em toda a cidade do interior do Brasil, a maio-

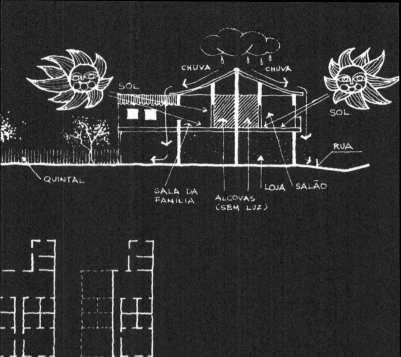

ria das casas fica fechada durante a semana, só sendo habitada nos domingos e dias de festa"[4].

Vemos, portanto, que fundada no regime escravista, quer para a construção, quer para o uso, a habitação urbana tradicional correspondeu a um tipo de lote padronizado e este a um tipo de arquitetura bastante padronizada, tanto nas suas plantas, quanto nas suas técnicas construtivas. Este esquema não é tipicamente brasileiro. Suas origens situam-se no urbanismo medieval-renascentista de Portugal. As condições locais apenas selecionaram entre os modelos importados os de maior conveniência, desenvolvendo-os e adaptando-os em termos de parcela do mundo luso-brasileiro. Tais soluções têm sido caracterizadas por forçar aparência de concentração, mesmo em centros de populações e dimensões limitadas. De qualquer modo, é preciso destacar que seu uso corresponde a uma época na qual os recursos rurais e o próprio mundo rural estavam sempre ao alcance da voz e da vista do homem urbano, para solucionar muitos dos problemas fundamentais dessas vilas e cidades. Insuficientes para resolverem tais problemas de modo satisfatório, sem auxílio externo, nossas formações urbanas eram, por isso mesmo, limitadas em suas dimensões, apoiando-se largamente no mundo europeu e no mundo rural circundante, dos quais eram quase sempre uma decorrência direta. É somente quando temos em vista esses fatores, que conseguimos compreender como puderam funcionar em níveis tecnológicos tão primários, mesmo as nossas maiores cidades do período colonial.

Em outra oportunidade procuraremos examinar o desenvolvimento desse processo durante os séculos XIX e XX.

---

(4) Saint-Hilaire. *Segunda Viagem a São Paulo*. São Paulo, Martins Editora, 1953, p. 95.

32

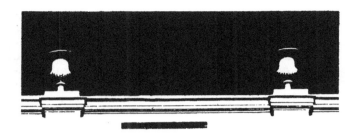

3 A implantação da arquitetura no século XIX

1800-1850

Conservando-se as formas de habitar dependentes do trabalho escravo, não havia margem para grandes mudanças.

Todavia, na Corte, a presença da Missão Cultural Francesa e a fundação da Academia de Belas-Artes iriam favorecer o emprego de construções mais refinadas.

Um novo tipo de residência, a casa de porão alto, representava uma transição entre os velhos sobrados e as casas térreas.

O século XIX, herdeiro direto das tradições arquitetônicas e urbanísticas do período colonial, assistiria à elaboração de novos esquemas de implantação da arquitetura urbana, que representariam um verdadeiro esforço de adaptação às condições de ingresso do Brasil no mundo contemporâneo e que podem ser vistas como etapas de transição entre aquelas tradições e a situação presente.

Os primeiros anos do século, anteriores à independência, pertencendo ainda ao período colonial, são facilmente assimiláveis ao século XVIII, uma vez que lhes não corresponderam grandes modificações do processo em estudo, repetindo-se geralmente os esquemas urbanísticos e arquitetônicos coloniais, de origem ibérica, com discretas modificações. Sem receio de exagerar, podemos dizer, mesmo, que o século passado conservou praticamente intato, até à sua metade, o velho esquema de relações entre a habitação e o lote urbano, que herdara do século XVIII. Persistindo o sistema escravista, nas mesmas condições do período colonial, é compreensível que, afora umas poucas tentativas de renovação no Rio de Janeiro, continuassem a ter ampla aceitação as soluções até então conhecidas. Subsistiam comumente as formas de uso das habitações e os mesmos processos construtivos consagrados pelas tradições, em função da existência do trabalho escravo. As edificações dos começos do século XIX avançavam sobre os limites laterais e sobre o alinhamento das ruas, como as casas coloniais. A essas assemelhavam-se pela simplicidade dos esquemas, com suas paredes grossas, suas alcovas e corredores, telhados elementares e balcões de ferro batido. É sempre difícil, ao observador desprevenido, determinar com clareza a data das construções de então. É o que acontece, por exemplo, com quem observa o edifício onde hoje funciona a Cia. de Gás de São Paulo, à rua Roberto Simonsen; abstraindo-se algumas particularidades de acabamento, ao gosto do século XIX — introduzidas em reformas — pode servir como exemplo para o tipo de residência colonial.

Nossos principais centros urbanos, a par de um ou outro edifício público, eventualmente uma residência com tratamento diferenciado, como seriam o Teatro Santa Isabel e a chácara da família Uchoa, no Recife,

34

onstrução aperfeiçoada

e implantação tradicional

revelavam, sob tímidas modificações de fachada, as mesmas casas formando linhas contínuas sobre as vias públicas, de tal modo harmonizadas com suas antecessoras, que não chegavam a quebrar aquela monotomia, que era um de seus traços marcantes. Comprovam-no os "Panoramas" da época, sejam de Salvador ou Recife, Belém ou Rio de Janeiro. A rua do Catete, à altura do palácio do mesmo nome, conserva um conjunto de velhos sobrados dessa época. Sua aparência difere apenas em pequenos detalhes das construções coloniais. Em alguns a porta de entrada, maior do que as outras, ocupando posição central, abre para um saguão relativamente amplo, valorizado por barras de azulejos coloridos e pela presença de uma escada de madeira torneada. Em outros, como nos velhos modelos descritos por Debret, essa passagem corresponderia ao acesso às estrebarias do quintal e abrigo para as carruagens.

As primeiras transformações apresentaram-se de forma discreta. A existência da Academia Imperial de Belas-Artes do Rio de Janeiro teria influído diretamente na adoção de padrões menos rígidos. De fato, a presença da Missão Cultural Francesa e da Academia, prestigiando a difusão da arquitetura neoclássica, iria favorecer, simultaneamente, a implantação de tipos mais refinados de construção, contribuindo desse modo para o abandono das velhas soluções coloniais. Escadarias, colunas e frontões de pedra ornavam com freqüência as fachadas de edifícios principais, ostentando um refinamento técnico, que não correspondia ainda ao comum das construções. Tal era o tratamento das obras de maior destaque, as quais viriam a constituir padrões para as demais; assim foi construído o Palácio de Petrópolis, assim era composta a própria Academia Imperial de Belas-Artes, projeto famoso de Grandjean de Montigny, e o Palácio Itamarati, de seu discípulo José Maria Rebello. Todavia, uma vista antiga do Rio de Janeiro de autoria de Victor Frond, mostrando o Hospício D. Pedro II, na Praia Vermelha, onde hoje se instalou a Reitoria da Universidade do Brasil, embora dentro dos mais adiantados padrões da época, deixa perceber que, aos avanços técnicos e às dimensões excepcionais do prédio, não correspondia qualquer nova maneira de implantação em relação à via pública. Somente em épocas mais recentes é que receberia

Casa de porão alto

um pequeno jardim na frente, circundado por gradil de ferro. Solução semelhante teria o edifício da antiga alfândega, na mesma cidade, projetado por Grandjean de Montigny, hoje valorizado pela abertura de uma praça, em frente à igreja da Candelária. A simplicidade e o apuro da composição, a originalidade de sua solução em relação às tradições coloniais de construção, não impediram que se adotasse uma implantação tradicional.

A integração do país no mercado mundial, conseguida com a abertura dos portos, iria possibilitar a importação de equipamentos que contribuiriam para a alteração da aparência das construções dos centros maiores do litoral, respeitado, porém, o primitivismo das técnicas tradicionais. A presença dos equipamentos importados insinuava-se nas construções pelo uso de platibandas, que substituíam os velhos beirais, por condutores ou calhas, ou pelo uso de vidros simples ou coloridos — sobretudo nas bandeiras das portas e janelas — em lugar das velhas urupemas e gelosias. Em outros casos, o que então era entendido como "gosto" neoclássico revelava-se pela existência de vasos e figuras de louça do Porto, a marcar, nas fachadas, sobre as platibandas, a prumada das pilastras. Aos poucos foram aparecendo algumas soluções de cobertura mais complicadas, já com quatro águas, as laterais lançando livremente sobre os telhados de vizinhos de menor altura ou mesmo já com suas calhas e condutores importados. A mudança, porém, não chegaria para alterar a aparência dos prédios. Em 1874, o engenheiro Bel. João de Rocha Fragoso realizou um levantamento do centro da cidade do Rio de Janeiro onde aparecem as elevações principais de todos os edifícios. Esse precioso documento, na parte que pode ser vista, como ilustração de um livro de D. Clemente da Silva Nigra[1], revela que a essa época já a grande maioria dos edifícios havia adotado a solução do telhado de quatro águas, mesmo sem platibanda. Em construções de muita profundidade, o esquema era especialmente eficaz, uma vez que evitava estruturas com ponto muito elevado. Outra vista, de Victor Frond, do início do mesmo quartel e do mesmo local, já indicava com clareza a forma pela qual se impunham essas pequenas mudanças, surgidas na primeira metade do século. Essas transformações discretas, possibilitando a adaptação das velhas receitas coloniais, vinham, ao mesmo tempo, garantir a continuidade de sua aplicação numa época em que as inovações do conjunto de vida brasileira ainda não eram muito profundas, na qual os hábitos das camadas mais favorecidas continuavam largamente a aproveitar as facilidades oferecidas pela escravidão. Exemplos dessa continuidade na Província de São Paulo podem ser encontrados no sobrado do Porto, em Ubatuba, que completou um século em 1947, ou nos sobrados de Bananal, construídos por volta de meados do século passado, nos quais, por trás dos detalhes decorativos de tipo neoclássico, esconde-se a solidez e rigidez das construções de tipo colonial. A versão fluminense nos é dada a conhecer pelo trabalho do Prof. Silva Telles sobre a cidade de Vassouras[2].

(1) Silva Nigra. *Construtores e Artistas do Mosteiro de São Bento do Rio de Janeiro.*
(2) Silva Telles. *Vassouras — Estado da construção residencial urbana.*

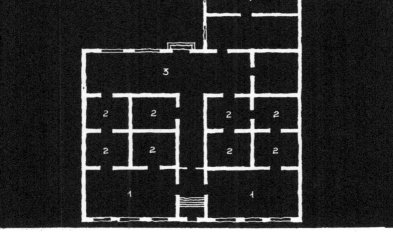

1. salão; 2. alcovas; 3. sala de viver ou varanda; 4. cozinha e serviços.

Altura discreta

uso exclusivamente residencial

Um novo tipo de residência, a casa de porão alto, ainda "de frente da rua", representava uma transição entre os velhos sobrados e as casas térreas. Longe do comércio, nos bairros de caráter residencial, a nova fórmula de implantação permitiria aproximar as residências da rua, sem os defeitos das térreas, graças aos porões mais ou menos elevados, cuja presença era muitas vezes denunciada pela existência de óculos ou seteiras com gradis de ferro, sob as janelas dos salões. Nesse caso, para solucionar o problema do desnível entre o piso da habitação e o plano do passeio, surgia uma pequena escada, em seguida à porta de entrada. Essa, com puxadores de cobre e com duas folhas ornadas de grandes almofadas, abria-se sobre um pequeno patamar de mármore, quase sempre com desenhos de xadrez em preto e branco. Após a escada, a proteger a intimidade do interior da vista dos passantes, ficava uma porta em meia altura, geralmente de vidro ou de madeira recortada. Antes dessa, porém, no patamar superior, situavam-se as portas dos salões; aqueles salões, cujas janelas, como nos sobrados, abriam sobre a rua, e nos quais se alinhava um mobiliário de gênero formal, junto às paredes decoradas com papel colado, com dunquerques, espelhos, jarras de louça e, em certos casos, o piano.

Esse tipo, que representava uma renovação, dentro dos velhos moldes construtivos, teve larga difusão. Exemplos significativos ainda podem ser encontrados em Campinas e nas cidades do Vale do Paraíba, como, por exemplo, uma velha residência em Jacareí, em frente ao ginásio, ou em Taubaté, à rua Visconde do Rio Branco, esquina de São José. São Paulo guarda em vários bairros — Campos Elísios, Liberdade, Consolação ou Bela Vista — alguns exemplares ainda que com decoração de fachada mais recente. Nestes, quase sempre, além de ânforas, estátuas ou fruteiras sobre a platibanda, compunham-se balaustradas e pilastras, e, entre elas, janelas de balcões, com peitoris de ferro e bandeiras de vidro ou mesmo com imitações de massa em seu lugar. Com esses traços alinhavam-se nas ruas Santo Antônio e Santo Amaro, em São Paulo, junto ao

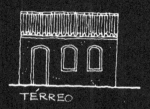
TÉRREO

SOBRADO

PORÃO ALTO

SOBRADO COM PORÃO ALTO

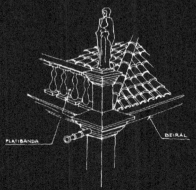
PLATIBANDA   BEIRAL

VALORIZAÇÃO DOS INTERIORES

Paço Municipal, exemplos variados. Um outro tipo, híbrido, reunia características de sobrado e os elementos de inovação do andar térreo acima referidos. Dessa forma iniciava-se nos sobrados a utilização do primeiro pavimento para fins mais valorizados socialmente. Exemplo sugestivo pode ser observado no edifício onde está instalado o Museu Republicano de Itu. Outros, que se aproximam do tipo, são o prédio do Ginásio de Jacareí e o velho sobrado da família Marcondes, em Pindamonhangaba.

A essas transformações no campo da arquitetura correspondiam modificações significativas nos centros urbanos. Nas cidades de maior importância multiplicavam-se ruas calçadas e apareciam os primeiros passeios junto às casas. Construíram-se também jardins, ao gosto europeu, imitando o Passeio Público do Rio de Janeiro, cercados por altas grades de ferro, reservando seu uso para as camadas mais abastadas.

No mais, as diferenças eram poucas. Conservando-se as condições tecnológicas e as formas de habitar, dependentes unicamente do trabalho escravo, que persistia nas mesmas condições do período colonial, não havia grande margem para mudanças. Usos, moradas e cidades alteravam-se lentamente e seria necessário aguardar a segunda metade do século, com a decadência da escravidão e o desenvolvimento da imigração, para que surgissem modificações de maior importância.

1850-1900

Com a decadência do trabalho escravo e com o início da imigração européia, desenvolveu-se o trabalho remunerado e aperfeiçoaram-se as técnicas construtivas.

As cidades e as residências são dotadas de serviços de água e esgoto, valendo-se de equipamentos importados.

Surgem nessa época as casas urbanas com novos esquemas de implantação, afastados dos vizinhos e com jardins laterais.

As transformações sócio-econômicas e tecnológicas pelas quais passaria a sociedade brasileira durante a segunda metade do século XIX iriam provocar o desprestígio dos velhos hábitos de construir e habitar. A posição cambial favorável conseguida através das exportações crescentes de café possibilitaria a generalização do uso de equipamentos importados, que libertariam os construtores do primitivismo das técnicas tradicionais. A isto acrescentava-se a modernização dos transportes, com o aparecimento de linhas férreas ligando o interior ao litoral e de linhas de navegação nos grandes rios interiores. Equipamentos pesados, como máquinas a vapor, serrarias etc., teriam então a possibilidade de serem empregados em vastas regiões, auxiliando-as a romper com a rotina dos tempos coloniais.

Foi sob a inspiração do ecletismo e com o apoio dos hábitos diferenciados das massas imigradas, que apareceram as primeiras residências urbanas com nova implantação, rompendo com as tradições e exigindo modificações nos tipos de lotes e construções. As formas de uso já não estavam mais tão largamente apoiadas no sistema servil. A presença de instalações hidráulicas, ainda que primárias, tornava desnecessária uma parcela dos serviços braçais, até então indispensável. Nos centros mais adiantados — sobretudo no Rio de Janeiro, por influência da vida da Corte — verificava-se mesmo um crescente desprestígio dos hábitos tradicionais e uma valorização de novos costumes. A concretização desses estava na dependência da existência de empregados domésticos de outro tipo, geralmente europeus, trabalhadores remunerados, capazes de prestação de serviços com maior refinamento.

As primeiras transformações verificadas então nas soluções de implantação ligavam-se aos esforços de libertação das construções em relação aos limites dos lotes. O esquema consistia em recuar o edifício dos limites laterais, conservando-o freqüentemente sobre o alinhamento da via pública. Comumente o recuo era apenas de um dos lados; do outro, quando existia, reduzia-se ao mínimo.

O processo era geral. Em todas as regiões onde se fazia sentir o declínio da escravidão e a presença do progresso tecnológico, encontravam-se os mesmos

44

COM NOVA IMPLANTAÇÃO
jardim e entrada laterais

mecanismos de adaptação às novas condições. Em Manaus ou Porto Alegre, podiam ser encontrados os mesmos esquemas apontados por Sylvio de Vasconcellos em seu estudo sobre Belo Horizonte[1]. As transformações eram, porém, de tal modo importantes, em face das tradições que até então vigoravam, que em certos lugares foi necessário alterar os códigos municipais

(1) Vasconcellos, Sylvio. *A Família e a Arquitetura Contemporânea.*

para permiti-las, uma vez que estes determinavam, de acordo com as tendências do urbanismo colonial, que as casas seriam edificadas sobre o alinhamento das vias públicas.

As residências maiores eram enriquecidas com um jardim do lado. Esta novidade, que vinha introduzir um elemento paisagístico na arquitetura residencial, oferecia a essa amplas possibilidades de arejamento e iluminação, até então desconhecidas nas tradições construtivas do Brasil. Ao mesmo tempo, a arquitetura aproveitava o esquema da casa de porão alto, transferindo porém a entrada para a fachada lateral. Desse modo, as casas conservavam uma altura discreta da rua, protegendo a intimidade e aproveitando simultaneamente os porões para alojamento de empregados e locais de serviço. O contato da arquitetura com os jardins laterais, dificultado pela altura dos prédios, era resolvido pela presença de varandas apoiadas em colunas de ferro, com gradis, às quais se chegava por meio de caprichosas escadas com degraus de mármore. São ainda comuns, em bairros junto ao centro de São Paulo, exemplos desse tipo; um, modesto mas significativo, subsiste quase isolado em pleno largo do Arouche, perto do edifício da Secretaria da Educação. Ainda poderíamos considerar como representativo do tipo, apesar da posição diversa da porta da entrada, o Palácio do Catete, no Rio de Janeiro. Exemplos variados poderiam também ser encontrados na Avenida Brigadeiro Luís Antonio, entre a rua Santo Amaro e a rua Conselheiro Ramalho, em São Paulo.

Ao mesmo tempo conservava-se, em grande parte, a destinação geral dos compartimentos. A parte fronteira, abrindo para a rua, era reservada para as salas de visitas. Dispunham-se os quartos em torno de um corredor ou sala de almoço (varanda), na parte central, ficando cozinha e banheiro ao fundo. Em inúmeros casos, o alpendre de ferro iria funcionar, até certo ponto, como um corredor externo. Para ele abririam as portas das salas de visitas e almoço, janelas ou portas de alguns dos quartos e, por vezes, mesmo as portas da cozinha.

As residências menores não podiam contar com lotes laterais ajardinados para resolverem seus problemas de iluminação e arejamento. Apresentavam, então,

46

Mesmo as casas menores

têm nova implantação

pequenas entradas descobertas, com portões e escadas de ferro. Internamente, lançavam mão de poços de iluminação, aproveitando as facilidades de obtenção de calhas, condutores e manilhas, para controle das águas pluviais e para resolver os problemas dos telhados complicados, decorrentes das novas soluções de plantas. Em todos os tipos, porém, suprimiam-se as alcovas, com evidentes vantagens higiênicas.

Também as chácaras, na periferia, sofriam as transformações dos tempos. Seus terrenos eram mais reduzidos e sua arquitetura cada vez mais assumia características urbanas. Notáveis foram as chácaras de Botafogo e Laranjeiras, no Rio de Janeiro. No bairro da Vitória, em Salvador, encontra-se ainda hoje uma série invulgar de exemplares. As últimas, como a chácara do Conselheiro Antônio Prado, em São Paulo, ou o atual Palácio dos Campos Elísios, na mesma cidade, tinham já um tratamento que as aproximava das residências da aristocracia européia.

As primeiras manifestações da mecanização na produção de materiais de construção e a presença dos imigrantes como trabalhadores assalariados respondiam pelas alterações das técnicas construtivas nessa época. Surgiam então as casas construídas com tijolos e cobertas com telhas de tipo Marselha, onde a madeira serrada permitia um acabamento mais perfeito de janelas, portas e beirais. Estes últimos ostentariam ornamentos de madeira serrada, conhecidos como lambrequins.

Foi, portanto, somente após a supressão do tráfico de escravos e o início da imigração européia e o desenvolvimento do trabalho remunerado e o sistema ferroviário, que apareceram as primeiras residências urbanas com nova implantação, com o que se poderia chamar de "deslocamento" da construção dos limites do lote e um esforço da conquista e incorporação do espaço externo à arquitetura das residências.

Essa tendência obteria quase completa generalidade, nas casas construídas após a libertação dos escravos e a proclamação da República. A mudança, porém, não ocorreu de um só golpe, mas em processo lento. As experiências sucessivas iriam confirmando as vantagens de conservar porções sempre maiores de

1. sala de visitas
2. sala de jantar e estar
3. dormitórios
4. pátio para iluminação e arejamento das peças internas
5. cozinha
6. banheiro
7. dormitório para criada.

espaços externos entre os limites dos lotes e os edifícios.

Os primeiros exemplares apresentavam apenas discreto afastamento em um dos lados. Com o tempo, porém, definiam-se claramente os jardins do lado, valorizando socialmente as elevações laterais que para eles se voltavam. Ao mesmo tempo, pelo progresso das condições higiênicas e desprestígio dos velhos hábitos de dormir em alcovas, sem iluminação e insolação direta, apareciam discretos afastamentos em relação ao segundo limite lateral. Esse, verdadeiro corredor, ligava-se à rua por meio de pequenos portões de ferro, ou mesmo de madeira; era utilizado comumente como entrada de serviço — nas cidades menores sem serviço de gás, como entrada de lenha — e sua desvalorização social era tão acentuada, que por vezes não era revelado no exterior, ocultando-se sob um pano falso da fachada, com platibandas e pilastras, a fingir, para os passantes, um prolongamento da sala de visitas, apenas desmentido pela presença do portão.

Surgiram depois os afastamentos em relação as vias públicas. Anteriormente, já os edifícios principais eram projetados com plantas em forma de "U" ou "T", forçando o aparecimento de "vazios" sobre os alinhamentos. O atual Asilo São Cornélio, no bairro da Glória, no Rio de Janeiro, ou na mesma cidade, a Escola D. Pedro II, no Largo do Machado, mostravam um tímido esforço de movimentação nas fachadas. Fenômeno curioso ocorreu na ladeira de São Bento, na Bahia. Ao ser calçada a via pública, foram incorporados os espaços necessários para a formação de pequenos jardins fronteiros aos velhos sobrados de frente de rua, conferindo-lhes uma aparência menos arcaica; avançavam-se os limites dos lotes, por não ser possível recuar a arquitetura. Essa solução era, porém, excepcional; as velhas ruas, sempre estreitas, exigindo alargamento, não permitiam sua generalização.

Podemos constatar, durante o Segundo Império, um avanço tecnológico tanto maior quanto mais nos aproximamos da abolição da escravatura. As residências maiores já não eram simples ampliações ou multiplicações dos modelos mais modestos. Ao aumento das possibilidades financeiras dos proprietários mais abastados correspondia um refinamento técnico, uma integração crescente nos benefícios da civilização industrial e, conseqüentemente, um refinamento de usos, até então desconhecidos. O aperfeiçoamento dos hábitos higiênicos coincidia com a instalação dos primeiros banheiros com água corrente e com o aparecimento das venezianas. O emprego das madeiras serradas, com junções mais perfeitas, difundiu o uso de assoalhos encerados, em substituição aos antigos, de tábuas largas e imperfeitas, lavados semanalmente, iniciando-se, em decorrência, o uso de tapetes e móveis mais finos.

Desaparecera, portanto, a uniformidade dos esquemas das residências, que fora o traço marcante da fase colonial. Havia agora o ensejo de um aperfeiçoamento permanente, de tal modo que, no fim do período, com a extensão das influências e benefícios do mundo industrial a proporções crescentes da população, já seria possível começar a calcular o prazo de obsolescência de uma edificação. Sucediam-se os esquemas, num esforço para acompanhar as transformações da tecnologia e dos costumes e, em torno de cada um deles, multiplicavam-se os experimentos, em busca das melhores fórmulas de aproveitamento.

Por volta dos últimos anos do século XIX e no início do XX, antes de 1914, podia-se considerar como completa a primeira etapa da libertação da arquitetura em relação aos limites dos lotes. Fundiam-se, desse modo, duas tradições: a das chácaras e a dos

50

No chalé, isolado no centro do terreno,

águas correm para as laterais.

sobrados. Exemplos excelentes dessa etapa, em São Paulo, são as construções mais antigas da Avenida Paulista e algumas residências de Higienópolis e Campos Elísios.

Vencia-se portanto uma etapa tecnológica. As formas arquitetônicas, porém, não respondiam sempre com a mesma rapidez de mudança. Conservava-se por vezes um tipo de arquitetura pesada, calçada ainda no emprego da antiga taipa de pilão, do adobe e da telha canal, assim como tipos de esquadrias que vinham do tempo do "palmo em quadro", com vidraças externas e bandeiras fixas. As paredes, mesmo sendo de tijolos, tinham uma largura exagerada. A rua da Glória, em São Paulo, conserva ainda alguns edifícios modestos, característicos dessa transição.

A essas transformações no campo da arquitetura correspondiam modificações significativas no equipamento das cidades. Transpondo uma etapa de aperfeiçoamento tecnológico, as cidades equipavam-se com redes de esgotos, de abastecimento de água, iluminação e de transportes coletivos.

Assim, se bem que os lotes tivessem sofrido modificações em suas dimensões, procurando adaptar-se às novas condições arquitetônicas, seus fundamentos subsistiram. As cidades cresciam pelo aparecimento de novos bairros, com os mesmos esquemas viários e de subdivisão — alguns, destinados às classes mais abastadas, com lotes mais amplos e jardins — mas o esquema de solução permanecia o mesmo. A multiplicação das obras públicas compensava, apenas parcialmente, as limitações do sistema dos tempos coloniais e dificuldades que surgiam tinham seu encaminhamento num plano simplista.

Por tudo isto, pode-se afirmar que as transformações vividas pela arquitetura e pelo urbanismo durante o século XIX, no Brasil, foram resolvidas em termos de relação arquitetura-lote urbano, sem que se modificasse fundamentalmente o tipo deste, mas apenas suas dimensões e, mesmo assim, de modo discreto. Somente as grandes mudanças que ocorreriam no século XX é que iriam comprometer seriamente as bases da organização urbana e permitir o encaminhamento de soluções de maior profundidade, nas estruturas urbanas.

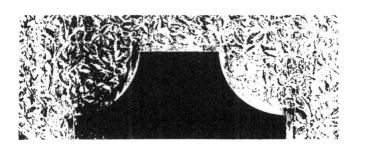

4 A implantação da arquitetura no século XX

1900-1920

A sociedade brasileira revelava ainda os compromissos de um passado recente com o regime de trabalho escravo.

Por isso mesmo, os edifícios ligavam-se estreitamente aos esquemas rígidos dos tempos coloniais

Os edifícios comerciais, as casas com jardins e as vilas operárias constituíam inovações mas continuavam a utilizar formas de relacionamento características de épocas anteriores.

Os primeiros anos do século XX assistiriam à repetição, sob várias formas, dos esquemas de relações entre arquitetura e lote urbano, que haviam entrado em voga com a República. Conservando-se ainda as técnicas de construção e uso dos edifícios, largamente apoiados na abundância de mão-de-obra mais grosseira e, em pequena parte, artesanal, era natural que se repetissem os esquemas de fins do século XIX, com soluções mais ou menos rústicas, com edifícios sobre o alinhamento da via pública, a revelar, em quase todos os detalhes, os compromissos de um passado ainda recente com o de trabalho escravo e com os esquemas rígidos dos tempos coloniais. De fato, a abolição da escravatura e a instalação da República não seriam suficientes para que o país alcançasse rapidamente condições de valorização ou melhoria de padrões de mão--de-obra ou para que se transformasse a estrutura econômica, iniciando-se a instalação industrial. Para isso, seria necessário aguardar o impacto da primeira guerra mundial. É quase dizer, ao modo de Hauser, que, no que se refere às relações entre arquitetura e lote urbano, o século XX inicia-se por volta de 1914. Fosse no campo das construções das camadas sociais mais ricas, fosse nas habitações mais modestas de pequenos funcionários, artesãos ou dos poucos trabalhadores industriais, verificava-se a mesma tendência à estabilidade das formas de equacionar aquelas relações, que mal se ocultavam sob as complicadas variações estilísticas, de inspiração acadêmica ou floreal. Belo Horizonte, surgindo com o século, teria código ainda com a exigência de alinhamento das construções sobre a via pública. Todavia, seu plano, concebido para a circulação de veículos de tração animal, já apresentava um esquema viário amplo e claro.

O progressivo aumento de população dos centros maiores e o aperfeiçoamento dos serviços públicos, fossem formas de pavimentação, fossem meios de comunicação e transporte, forçavam, entretanto, uma síntese entre as velhas tradições coloniais do sobrado e da chácara ou casa de arrabalde. Nas experiências mais importantes dos bairros residenciais das classes abastadas, insinuava-se, já então, a combinação entre a rigidez de um e o caráter rural da outra. Iniciava-se, por esse modo, um esforço de reconciliação do homem

As grandes residências de subúrbio, herdeiras das chácaras coloniais.

com a natureza, como decorrência direta — e legítima — dos excessos de concentração. Constituía-se, pois, um dos pólos — o outro seria a verticalização que ocorreria em seguida — da experiência que serviria de base para as propostas urbanísticas mais modernas, cujo uso seria popularizado com a construção de Brasília.

Naquela época, nos bairros da zona sul do Rio de Janeiro, em Higienópolis e Campos Elísios em São Paulo, os arquitetos mais ousados orientavam a construção de casas com soluções arquitetônicas mais atualizadas, com jardins amplos, porões altos e programas mais complexos, que conseguiam ser, a um só tempo, chácaras e sobrados.

Nascia portanto uma fórmula capaz de reunir as vantagens da residência urbana às das velhas chácaras, que já então iam sendo alcançadas pelos loteamentos das cidades e cuja manutenção ia sendo mais difícil com o desaparecimento da escravidão e dos costumes dos tempos coloniais. O contato entre as residências e os jardins era porém regido por princípios extremamente formais e dificultado pela altura dos porões, que ainda eram utilizados para acomodação da criadagem. Sinais mais evidentes das transformações que se iniciavam eram os programas mais complexos.

É também essa a época das primeiras experiências arquitetônicas mais atualizadas, que se iniciam com a introdução do "Art-Nouveau" e passando pelo Neocolonial iriam conduzir ao movimento modernista. Libertada dos compromissos mais diretos com o trabalho escravo, beneficiada por uma relativa atualização técnica, a arquitetura brasileira, especialmente na região centro-sul, iria iniciar a procura de caminhos novos que exigiriam necessariamente a renovação das fórmulas de implantação.

A "Vila Penteado", em São Paulo, concluída por volta de 1903, constituía exemplo significativo. Essa residência, onde hoje funcionam algumas dependências da Faculdade de Arquitetura e Urbanismo, projetada e decorada com especial rigor arquitetônico, sob a inspiração do "Art-Nouveau-Sezession", apresentava uma implantação excepcional, ao centro de uma quadra ajardinada, oferecendo à Av. Higienópolis uma perspectiva de jardim francês e ocultando, junto às laterais

s edifíc... comerciais do centro
nservam a implantação e as

racterísticas
as residências coloniais.

e nos fundos, os velhos recursos de chácara e casa-grande. Seus porões elevados, aliados à proporção dos andares, com pé-direito de 5 metros, garantiam-lhe ainda uma posição de dominância, hoje desaparecida com o velho jardim, mas que pode ser reconhecida nas fotografias antigas e desenhos de seu arquiteto, Carlos Ekmann.

Em algumas dessas residências maiores, iriam sendo aperfeiçoadas muitas das características que marcariam quase toda a arquitetura residencial no período que medeia entre as duas guerras mundiais: a preocupação de isolar a casa em meio a um jardim, a tendência a conservar um paralelismo rígido, em relação aos limites do lote, a transformação progressiva dos pavilhões externos de serviço das chácaras em edículas, o desaparecimento progressivo de hortas e pomares — às vezes a sua redução quase simbólica a uma jabuticabeira ou a um canteiro de alfaces — e, de modo geral, a transferência, para os jardins e todos os espaços externos, dos antigos preconceitos de fachada e hierarquia dos espaços, da arquitetura tradicional. As casas da Avenida Paulista, em São Paulo, pertenciam a essa categoria; entre as que ainda subsistem é possível observar, por exemplo, na esquina com as ruas Carlos Sampaio e Rio Claro, alguns pomares indiscretos derramando-se por sobre os muros dos quintais, com suas grumixamas, mamoeiros ou mesmo "cabeludas".

Alguns conjuntos de habitação popular apresentavam também formas especiais de implantação. Compunham-se de fileiras de casas pequeninas — às vezes mesmo apenas de quartos — edificadas ao longo de um terreno mais profundo, abrindo para pátio ou corredor, com feição de ruela. Nesses casos era freqüente a existência de um só conjunto de instalações sanitárias e tanques, dispostos no pátio, para uso comum. Em certos casos a passagem comum era aberta para a rua, de modo franco, uma solução mais encontradiça no Rio de Janeiro. Uma dessas vilas, em São Paulo, recentemente demolida, ligando a Av. 9 de Julho à rua Itapema, tinha a peculiaridade de se desenvolver em escadas. Nesta cidade, essas "vilas" ou "cortiços", em bairros como a Bela Vista, apresentavam comumente, voltadas para a via pública, fachadas construídas

58

afastamento da rua, afastamento dos vizinhos.

sobre o alinhamento, ao gosto da época, capazes de disfarçar sua destinação. O esquema parece ter raízes antigas; já em 1819, entrando na capital paulista Saint-Hilaire iria acomodar-se em hospedaria com forma semelhante: "Indicaram-me a hospedaria de um indivíduo conhecido por Bexiga, que tinha mesmo em São Paulo, vastas pastagens. Para essa hospedaria me dirigi. Entrei na cidade, a 20 de outubro de 1819, por uma rua larga, cheia de pequenas casas, bem conservadas e, depois de ter passado diante de um lindo chafariz e de ter em seguida atravessado a ponte de Lorena, construída de pedras, ponte sobre o ribeirão *Hynhangabahu,* cheguei à hospedaria do Bexiga. Fizeram entrar meus animais num terreiro lamacento, cercado de um lado por um fosso e dos outros dois lados por pequenas construções, cujas numerosas portas davam para o referido terreiro. Essas construções eram os quartos ou aposentos destinados aos viajantes"[1].

Também entre as construções para os escritórios e comércio, já se iniciavam as grandes transformações que iriam ser aplicadas em maior escala após a Primeira Guerra Mundial. Já nos primeiros anos do século, com a crescente separação entre os locais de residência e trabalho e com o aumento de concentração de população nas cidades maiores, os velhos sobrados comerciais de tipo português, com residências e lojas, começaram a ser substituídos por prédios de alguns andares, com destinação exclusivamente comercial. Esses exemplos mais antigos diferiam apenas discretamente dos prédios que vinham substituir. Apoiados em paredes estruturais de tijolo, às vezes reforçadas nas partes térreas, com vigas e coluna de metal, reuniam todo um conjunto de características de implantação e de uso e detalhes construtivos internos e externos, que as aproximavam, de um lado, daqueles velhos sobrados e, de outro, da arquitetura residencial dessa época, que já se beneficiava de um conjunto de conquistas tecnológicas. Dessa diferiam, porém, justamente por essa semelhança, ressentindo-se claramente de um passado recente de compromisso de uso residencial. Tais eram os edifícios que abrigavam os bancos, os jornais e mesmo as repartições públicas, que antece-

(1) *Viagem à Província de São Paulo.* 2ª edição, São Paulo, Martins, 1945. Tradução de Rubens Borba de Moraes.

60

deram ao arranha-céu; alguns nem sequer tinham elevadores; outros adaptaram-nos mais tarde. Tais eram os primeiros edifícios construídos na antiga Avenida Central — mais tarde Rio Branco — no Rio de Janeiro, como podem ser vistos em algumas fotografias de Ferrez, no livro de D. Clemente Maria da Silva Nigra[2], ou nos raros remanescentes. Tal era o edifício Baruel, em São Paulo, à rua Direita, esquina da Praça da Sé. Tais eram alguns dos prédios do Largo do Café e da rua Líbero Badaró, nesta cidade. Janelas com vidros ornamentados com desenhos na parte externa e com folhas cegas de madeira pela interna, conferiam-lhes a mesma aparência que construções domiciliares dessa época. Em alguns casos, utilizavam-se mesmo as venezianas, então surgindo como novidade e quase sempre conservavam o antigo pé-direito de quatro a cinco metros, que possibilitava o emprego de amplas bandeiras sobre as portas e janelas. Por esse motivo, quase todas ostentavam seus balcões ou, pelo menos, um pequeno guarda-corpo de ferro batido e um arremate de madeira, conferindo-lhes uma indiscutível semelhança com os velhos sobrados residenciais dos tempos de Colônia. Esses traços persistiriam mesmo em edifícios construídos entre 1920 e 1930, como a maioria dos que se alinham na Avenida São João, em São Paulo, entre as Praças Júlio Mesquita e o edifício dos Correios, as construções da Cinelândia no Rio de Janeiro ou as da Praça dos Andradas em Porto Alegre.

No conjunto, a arquitetura do início do século traria poucas transformações de importância, inclusive no que se refere à implantação. Suas virtudes residiam mais no aperfeiçoamento dos detalhes construtivos; seus programas e soluções plásticas repetiriam quase sempre os esquemas dos primeiros anos da República. A exposição de 1908, no Rio de Janeiro, verdadeiro marco de suas possibilidades, reuniria um conjunto variado de formas e estilos, que poderia ser considerado como glorificação do ecletismo e das ambições dos anos precedentes. De seus exageros e de seus casos mais notá-

(2) D. Clemente Maria da Silva Nigra. *Construtores e Artistas do Mosteiro de S. Bento do Rio de Janeiro*. Salvador, 1950, vol. III.

veis de mau gosto, consola-nos apenas o conhecimento da extremada solidariedade, teórica e prática, da arqui tetura de quase todos os países, naqueles dias. Do sau dosismo, do preciosismo sem sentido, viriam nos despertar as modificações bruscas, ocorridas por ocasião da Primeira Guerra Mundial.

1920-1940

Com o início do desenvolvimento industrial ocorrem as primeiras transformações tecnológicas de importância no País.

Entretanto, persistiam os lotes urbanos herdados do século XIX, nos quais se construíam imensos edifícios de concreto.

O atendimento às exigências do mundo contemporâneo era tentado apenas com adaptações da arquitetura, sem considerações pelos aspectos urbanísticos.

As residências populares e da classe média

Os esquemas de implantação da arquitetura urbana brasileira sofreriam transformações da mais alta significação, durante os anos compreendidos entre a Primeira e a Segunda Guerra Mundial, correspondendo ao início do desenvolvimento industrial e da diversificação da produção rural do país.

Datam de então as primeiras modificações tecnológicas de importância no Brasil. O prestígio crescente do trabalho remunerado criaria as condições necessárias ao seu encarecimento e vantagem de sua substituição por processos mecânicos. A mecanização, iniciada com os meios de transporte, iria aos poucos estendendo-se a uma série de setores e atividades. Na arquitetura as transformações e a mecanização do transporte vertical e horizontal garantiriam as bases para um amplo desenvolvimento.

É a época do aparecimento dos arranha-céus, com a verticalização do crescimento urbano nas áreas centrais das grandes cidades. e também da multiplicação, na periferia, dos grandes bairros proletários para a acomodação das classes menos favorecidas. Surgiriam ainda os bairros-jardim, para as classes mais abastadas, com os edifícios afastados obrigatoriamente dos limites dos lotes.

As técnicas construtivas passavam por uma fase de aprimoramento, devido em grande parte à influência da mão-de-obra imigrada. Alcançava-se, desse modo, a vitória quase completa das técnicas correspondentes ao trabalho remunerado, de tipo artesanal, sobre as tradições construtivas dos tempos da escravidão.

Até cerca de 1940 a industrialização dos materiais de construção seria tímida, em escala modesta, quase artesanal. A indústria ainda não atingira estágio de atendimento do mercado nacional; em verdade, no que se refere à construção, ensaiava apenas alguns avanços. Verificava-se a importação de muitos equipamentos e materiais estrangeiros e, em contrapartida, nos centros mais modestos, os progressos estavam longe de acompanhar os das grandes cidades. Carlos Borges Schmidt revela que, por volta de 1940, em certas regiões de São Paulo, ainda era econômica, e como tal utilizada, a velha técnica da taipa de pilão.

64

As residências de menor porte são resolvidas como miniaturas de palacetes.

Esboçava-se uma racionalização da vida, mas de modo relativo, apenas em alguns setores dos centros maiores e, mesmo nesses locais, grande parte das antigas relações de tipo rural preservava-se, a despeito dos avanços tecnológicos. As noções de tempo e velocidade, indicadoras sensíveis das transformações das relações entre as pessoas, subsistiam quase inalteradas.

Quantitativamente modificados, nossos principais centros urbanos conservaram porém os mesmos esquemas urbanísticos gerais, de origem renascentista, sem procurar uma atualização qualitativa. Nas mesmas ruas em que haviam circulado as carroças e carruagens, circulavam agora os automóveis, caminhões e ônibus, preparando o congestionamento dos dias de hoje; recebiam uma população cada dia maior, sem atualizar os meios de transportes e de abastecimento, entravam na era industrial equipados com instrumentos dos tempos da pedra lascada.

De modo geral, os tipos de lotes urbanos herdados do século XIX persistiriam e acompanhariam, quase sem alterações — ressalvadas as dimensões — as mudanças realizadas na arquitetura. De fato, seria esta que, por força das circunstâncias, procuraria criar formas de adaptação do velho esquema de lote, conforme a sua destinação e terminaria mesmo por sofrer as mais severas limitações, decorrentes da rigidez e atraso na formulação dos lotes.

As dificuldades enfrentadas pela agricultura, com suas crises periódicas, a ausência de formas evoluídas de capitalismo e o crescimento ininterrupto da população dos maiores centros fariam com que as propriedades imobiliárias fossem um dos modos mais eficazes de aplicação financeira; para os grandes investidores, a vantagem seria a renda dos aluguéis de casas para a classe média, passíveis de oscilação nas etapas de crise, mas com procura muito mais estável do que os produtos agrícolas, vale dizer, o café. Para os pequenos investidores, vivendo freqüentemente de seus salários e procurando aplicar eficazmente algumas economias, o objetivo máximo de segurança seria a casa própria. Como conseqüência, aqueles anos assistiram à multiplicação dos conjuntos de casas econômicas de tipo médio, repetindo, o quanto possível, as aparências das residên-

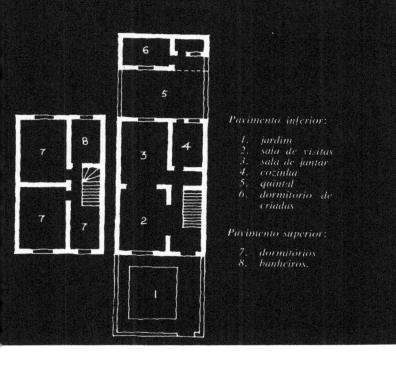

Pavimento inferior:

1. jardim
2. sala de visitas
3. sala de jantar
4. cozinha
5. quintal
6. dormitório de criadas

Pavimento superior:

7. dormitórios
8. banheiros.

cias mais ricas, dentro das limitações e modéstia de recursos de sua classe.

É evidente que essas habitações, edificadas com economia de terreno e meios, aproveitavam em menor escala as novas possibilidades. Conservando-se em geral sobre os limites laterais dos lotes, recuavam quase sempre alguns metros das vias públicas, onde apareciam miniaturas de jardins. Com êsses surgiam, também, certas inovações plásticas, de sentido puramente formal, onde se acompanhavam de modo quase caricato as variações das correntes arquitetônicas. Em casos especiais, surgiria um afastamento, em um dos lados, dando lugar a uma passagem para automóveis. Como nos edifícios de maiores dimensões, as edículas viriam acomodar-se aos limites de fundo dos terrenos.

Pode-se perceber facilmente que essas casas conservavam, dentro do possível, as mesmas tendências de valorização social e arquitetônica de certos espaços e desvalorização de outros, que se encontravam nas moradias das classes mais abastadas. Jardins na frente e fachadas rebuscadas, em escala reduzida, às vezes mesmo de miniaturas, acentuavam a importância das frentes e ocultavam a modéstia dos fundos. Essa disposição, imutável, fazia com que, nos exemplares mais estreitos, a circulação de serviço se realizasse através das salas, até mesmo para as retiradas de lixo. Os inconvenientes de tal situação eram suportados corajosamente, com o intuito de preservar uma "lógica" absurda mas que conseguia garantir uma aparência de decoro e ocultar um conjunto de "vergonhas" tanto mais penosas quanto mais humildes os moradores. De fato, a possibilidade de uma eventual visita às cozinhas das casas abastadas, nem de longe se comparava ao sofrimento que tal indiscrição daria a uma dona de casa de classe média, freqüentemente obrigada a realizar serviços que as tradições haviam reservado aos escravos.

Desse gênero são os inúmeros conjuntos de sobrados construídos no Jardim Paulista e na Vila América, em São Paulo. Em quase todos a aparência procura atender às inovações formais, que o modernismo vinha introduzindo, por meio de artifícios de desenho arquitetônico: linhas retas, platibanda ocultando o telhado de telha tipo Marselha, revestimento com mica, alguns ornatos retilíneos e o fingimento de uma poderosa estrutura de concreto. Em outros a preocupação ia mais longe e apareciam janelas de modelos mais recentes, de ferro para as salas e de madeira, tipo "ideal", nos dormitórios. Essa fórmula ainda pode ser vista em exemplos remanescentes nas ruas daqueles bairros: Alameda Lorena, rua Oscar Freire, Alameda Jaú, Itu, Franca etc., sendo o seu uso hoje talvez um pouco diferente.

Naquele tempo, um arquiteto, Flávio de Carvalho, tentou enfrentar o problema de forma diferente, num conjunto de casas que construiu à Alameda Lorena, nas proximidades da rua Augusta. O choque produzido na população, em face de esquemas menos conhecidos, foi de tal envergadura que houve quem afirmasse que nessas casas, para se ir dos quartos ao banheiro, era necessário subir por uma escada externa, que fica na fachada; tratava-se apenas de acesso a um solário ou mirante, mas o equívoco dá a medida da desconfiança da população.

O crescimento gigantesco do operariado urbano, possibilitado pela constante evolução da estrutura in-

As tentativas de transformação

causavam espanto.

dustrial, iria conduzir ao aparecimento de bairros populares ao longo das vias férreas, junto às indústrias ou em regiões suburbanas. O fenômeno, quase exclusivo das grandes cidades, iria produzir a urbanização das áreas periféricas, até então destinadas a fins agrícolas, dentro da ordem tradicional. Engenho Novo, Engenho Velho, Madureira, Vila Isabel e Mangueira são nomes que as canções populares e as crônicas se encarregaram de difundir e que por isso mesmo revelam etapas mais antigas do crescimento do Rio de Janeiro. São Paulo, de crescimento mais recente, usaria nomenclatura mais artificial, em suas famosas "vilas": Vila Matilde, Vila Leopoldina, Vila Anastácio etc.

Os loteamentos de tipo popular viriam a constituir, quase sempre, uma reinterpretação dos velhos esquemas tradicionais, com exagerados índices de aproveitamento, criando dificuldades que não eram previstas nas tradições. Retiravam os aspectos positivos dos planos das cidades-jardim, transformando os novos bairros em sucessões infindáveis de quadriculados, com lotes tão exíguos, que a disposição geral dos edifícios já ficava pré-determinada. Esse tipo tornou-se comum em São Paulo, onde as casas de tipo popular eram construídas aos poucos, pelos proprietários, freqüentemente com o auxílio dos vizinhos e amigos sob a forma de mutirão.

Em alguns locais as dificuldades sociais e econômicas provocariam o aparecimento de tipos precários de habitação, com padrões ínfimos de higiene e construção, na maioria dos casos sem qualquer forma de organização territorial, senão aquela ditada pelo acaso. Tais seriam as favelas. Malocas, invasões, mocambos, ou favelas, iriam sendo batizadas pelo povo, de formas diversas em cada região que surgiam, constantes porém na indicação da miséria e do calcanhar-de-aquiles do urbanismo contemporâneo.

Apenas em casos especiais ocorriam tentativas de soluções mais perfeitas. Pode-se, porém, citar o conjunto industrial Maria Zélia, na capital paulista, projetado pelo arquiteto Dubugras, onde se incluíam grupos de residências para operários. Programas mais amplos — e ambiciosos no sentido político — surgiriam apenas sob a pressão dos acontecimentos desencadeados pela Segunda Guerra Mundial.

As residências das classes mais abastadas

Para uso das classes mais abastadas, nos anos seguintes a 1918, surgiram os "bairros-jardim", sob a influência intelectual de esquemas estrangeiros, cuja aceitação seria garantida pela possibilidade que ofereciam de conciliar, de modo satisfatório, as antigas chácaras com as residências urbanas, que vinham de se libertar dos limites dos lotes.

Na prática, esses loteamentos, postos em voga em São Paulo pela Cia. City, ao transporem os esquemas ingleses da "cidade-jardim", sofriam adaptações várias, reduzindo-se, na maioria das vezes, a um aparfeiçoamento do sistema viário e a uma reinterpretação, em termos de "paisagismo", dos velhos lotes tradicionais. Desse modo subsistiam os jardins e recuos obrigatórios, mas desapareciam as áreas de uso comum, de grande importância nos planos dos estrangeiros.

Nas residências, a grande transformação era a oportunidade de afastamento em relação a todos os limites dos lotes. Nos exemplos maiores, assistia-se a uma libertação em relação a esses limites, quase que obrigatória. Com esses tipos surgiam as edificações em bairros residenciais em torno à Av. Paulista, em São Paulo, sobretudo na direção de Santo Amaro, na Aclimação e Perdizes, nessa cidade, em bairros além do Botafogo no Rio de Janeiro ou no Derby, de Recife. Todavia, os esquemas arquitetônicos, manipulados na maioria das vezes por profissionais de formação acadêmica, prendiam-se a soluções de rígido paralelismo em relação àqueles limites, ainda que os lotes apresentassem, em média, maiores dimensões.

Um pouco mais afastadas em um dos lados e nos fundos, as residências mais amplas guardavam, todavia, sinais das antigas chácaras. Não eram apenas as garagens tratadas como cocheiras. Vestígios de pomares e hortas e de criações de animais de pequeno porte denunciavam a existência de um passado rural muito recente, em casas que exigiam ainda, para sua plena eficiência, a presença de um razoável contingente de serviçais.

71

Esses esquemas, que vigorariam até cerca de 1945 e, de certo modo, até hoje, mesmo em projetos de arquitetos de intenções inovadoras, sofreriam decidida influência das antigas tendências de discriminação social, em relação aos locais de trabalho ou de intimidade, caracterizados pela presença dos serviçais e das famílias, tendências ainda largamente influenciadas pelos hábitos coloniais e pelo regime escravista. Assim, as frentes das casas e os cômodos que lhes ficavam mais próximos e onde eram admitidas as visitas, eram os mais valorizados; as partes laterais e superiores eram reservadas à intimidade da família (e nela eram recebidos apenas os parentes e visitantes de pouca cerimônia). Os fundos e, por vezes, a lateral mais estreita, como áreas de serviço, eram locais de completa desvalorização social, verdadeiro desprestígio, quase tabu, herdado dos tempos em que ali estariam os escravos e acomodando agora os filhos daqueles. Algumas senhoras mais ricas, podendo manter "governanta", geralmente alemã ou francesa, lá não apareciam, quando muito deixando-se chegar à copa, em busca d'água.

O tratamento arquitetônico e paisagístico acompanhava os níveis de valorização social. A quantidade e o tipo de decoração variava em escala decrescente das salas às cozinhas, passando pelos quartos e banheiros — estes últimos sofrendo restrições semelhantes às das cozinhas, em razão de outras formas de desprestígios e tabus. Eram aquelas limitações que faziam com que os programas das habitações apresentassem duplicidades funcionalmente absurdas, como as famosas salas de almoço e jantar, cujos nomes ocultavam formas socialmente diferenciadas e valorizadas de cumprir as mesmas funções da vida familiar.

Mesmo após o aparecimento dos jardins na frente das casas, com afastamentos voluntários ou impostos pelas prescrições dos loteadores e das prefeituras, era inegável a valorização dessas porções de terreno e dos espaços arquitetônicos a ela vinculados. Transferiam-se mesmo para essas casas as antigas preocupações de fachadismo, traduzindo-se em rebuscamentos de ordem decorativa as preocupações de oferecer ao passante uma noção exagerada da importância da posição social dos proprietários. Para esse "jardim da frente" abriam-se as salas e terraços e portas principais, pelas quais entra-

O paralelismo com os limites do terreno lembra ainda padrões tradicionais.

vam as visitas com ar de cerimônia. Esse formalismo estendia-se ao tipo e forma de organização do jardim, onde apareciam as plantas em voga, geralmente de origem européia e, por vezes, bancos, quiosques, "grutas" de cimento e, nos casos de gosto menos exigente, até mesmo anões de louça colorida.

Desapareciam, pois, os antigos jardins laterais. Só mesmo nos casos excepcionais, de lotes com dimensões exageradas e por exigência da própria solução arquitetônica, é que áreas laterais eram ajardinadas sempre como continuação dos jardins da frente, mas interrompendo-se nas proximidades dos fundos, áreas que confinavam com os locais de serviços e intimidade. As formas de ligação, ou separação, eram obtidas com objetos socialmente intermediários, como pátios de manobra junto às garagens, renques de arbustos ou conjuntos de árvores frutíferas, nunca, porém, coradouros, quartos de empregada, hortas ou galinheiros. Só mesmo nos casos do mais extremado "mau gosto" e descaso arquitetônico é que o visitante poderia divisar um tanque, um balde ou, entre as plantas, um mamoeiro, um pé de couve ou uma touceira de mato, como barba-de-bode. Mesmo as árvores frutíferas, se não estivessem situadas em local devidamente caracterizado, tinham um significado de ruralidade e, entre as pessoas de hábitos mais refinados eram toleradas apenas em consideração aos sentimentos do dono da casa, um fazendeiro, cujos hábitos e saudades cumpria não contrariar. Posição semelhante ocupavam os cachorros, pássaros, macacos e vasinhos de plantas, cujos únicos lugares de acesso, excetuados os terraços, seriam os jardins de inverno, verdadeiros terraços fechados. Por isso mesmo, o local adequado para essas coisas comprometidas com o mundo rural, com a intimidade e com os resquícios da escravidão, seria não dos lados, mas nos fundos, onde os olhos críticos das visitas e dos passantes não tivessem a mais leve oportunidade de condenação aos costumes do proprietário.

Normalmente, um dos afastamentos laterais, o maior, com três a cinco metros de largura, correspondia à passagem de automóvel, evidenciada pela respectiva coberta, saliente no corpo da casa e, quase como decorrência, a entrada lateral da residência, mais íntima,

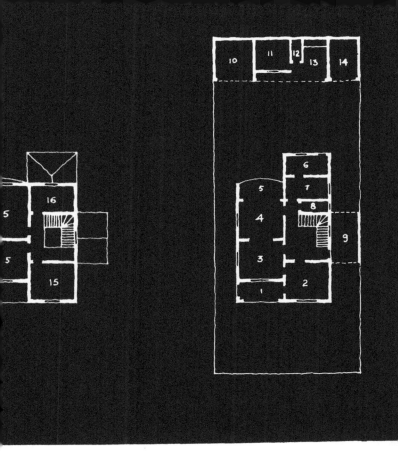

Planta esquemática do tipo de habitação mais comum.
Pavimento térreo: 1. terraço; 2. escritório ou sala de visitas; 3. sala de estar; 4. sala de jantar; 5. jardim de inverno; 6. cozinha; 7. copa; 8. lavabo; 9. coberta para automóvel.
Edículas: 10. galinheiro; 11. dormitório de criadas; 12. banho; 13. tanque; 14. garagem.
Andar superior: 15. dormitório; 16. banheiro.

que dava acesso ao *hall*, peça de distribuição horizontal e vertical, cujo nome, importado, demonstrava o sentido de novidade.

A passagem lateral oposta limitava-se, no geral, a um simples corredor, com um a dois metros, para o qual abriam suas janelas os cômodos de pequena valorização, como banheiros, caixas de escada ou cozinhas

A facilidade de acesso a essas últimas chegaria mesmo a caracterizar esses corredores como entradas de serviço, identificando-os com os quintais. Para esse lado às vezes abriam-se os jardins de inverno, com janelas de vidro colorido, em alguns casos com forma arredondada e por isso chamadas *bow-windows*. Esses recursos permitiam uma farta iluminação e arejamento satisfatório, geralmente abrindo-se apenas algumas peças pivotantes, capazes de ocultar, discretamente, às vistas do interior, as passagens laterais ou mesmo as vergonhas de um fundo de quintal. Nas regiões de clima quente, localizavam-se ali, normalmente, as varandas de uso familiar, onde se cumpriam diversas funções, inclusive as de sala de almoço, razão pela qual, em certas cidades, passaram a essas as denominações daquelas, como nas velhas salas dos fundos dos sobrados coloniais.

Detalhe curioso é que, nessa época, mesmo a arquitetura mais avançada aparecia comprometida e limitada por esses esquemas. A própria técnica construtiva em uso, de paredes estruturais de tijolo, pela sua rigidez, favorecia tal encaminhamento. Seriam poucos os arquitetos, como Victor Dubugras, em São Paulo, que encontrariam formas mais flexíveis de abordar o problema, insinuando os caminhos que viria a percorrer nossa arquitetura, quando o concreto viesse a ser empregado comumente nas residências individuais desse gênero. Até 1937, os esforços do movimento modernista para romper aquelas limitações tiveram resultados apenas superficiais. Um tratamento arquitetônico externo de inspiração cubista, distribuído com equilíbrio pelas quatro elevações, ocultava, muitas vezes, uma estrutura de paredes de tijolos e uma disposição geral tradicional. Quando muito, ligavam-se sala de visita e jantar e tratavam-se com uma decoração de motivos marinhos os banheiros, onde os preconceitos ligavam-se quase exclusivamente aos hábitos familiares. Contribuições mais significativas seriam conseguidas nas relações com o espaço exterior, com o apoio das transformações tecnológicas dos impermeabilizantes e tacos de madeira. De fato, uma vez afastadas do alinhamento, as residências começariam a dispensar os velhos porões, de grande altura, capazes de garantir a intimidade dos interiores. A tendência, agora, seria oposta.

Aparência moderna e implantação tradicional

Cabia forçar por todos os meios o nivelamento, a aproximação com os jardins.

O desaparecimento dos porões habitáveis conduziria ao uso das edículas, com garagens, quartos, canis, depósitos etc., onde ainda seriam reconhecíveis facilmente os traços das antigas senzalas, cocheiras, oficinas de serviço e locais. Transferiam-se para os fundos das casas aquelas dependências, uma vez que, longe do alinhamento e das vistas dos passantes, as residências reduziam seus embasamentos, conservando apenas porões discretos, com galerias para arejamento. Em seguida, com o uso de impermeabilizantes e pisos de tacos de madeira, mesmo aqueles afastamentos do nível do terreno seriam abolidos. Quebrava-se, pois, um entrave de quatro séculos e conquistava-se a possibilidade de incorporação do espaço exterior e da paisagem à arquitetura, o que desde logo seria aproveitado pelo nascente movimento de arquitetura contemporânea.

No conjunto, porém, pode-se dizer que as residências individuais dessa época não apresentavam alterações tecnológicas fundamentais. Apenas, pouco a pouco, substituíam-se, por produtos nacionais, equipamentos e materiais inicialmente importados. As soluções técnicas eram sempre mais ou menos semelhantes. As paredes de tijolos forçavam a repetição das plantas nos dois pavimentos. Os pisos de madeira exigiam a existência de porões no pavimento térreo e de forros de gesso ou madeira nos dois andares. Os telhados amplos, quase sempre com beirais, lançavam as águas sobre os jardins, ou, quando possível, ostentavam um sistema completo de condutores e calhas em balanço. Essas características dos métodos construtivos iriam favorecer o aparecimento das casas de "tijolinhos", como então se dizia, ou seja, das casas de tijolo exposto de que Dubugras seria um mestre na aplicação. Em outros casos, os arquitetos retomavam as formas do colonial ou de arquitetura de outros países, procurando dar a impressão de grande variedade e originalidade, mas, ao observador de nossos dias, fica sempre a impressão de repetição de um mesmo esquema. As soluções mais complexas teriam que aguardar as oportunidades surgidas com a ampliação do movimento modernista.

**Os edifícios de apartamento e escritório —
As construções industriais**

A década de 1930 a 1940 assistiria à multiplicação de uma grande inovação no setor residencial: os prédios de apartamento. Essa verticalização seria aceita inicialmente com relutância, pois ameaçava costumes que remontavam aos tempos coloniais.

Os exemplos mais antigos resolviam-se, dentro do possível, como as residências da época e não como um problema novo. Plasticamente, os edifícios eram solucionados em termos de fachada, acompanhando os estilismos, até mesmo o "modernismo". Internamente procurava-se, por todos os meios, repetir as soluções de planta das residências isoladas com seus corredores, salas e saletas e mesmo amplos alpendres, de modo a oferecer aos habitantes uma reprodução de seus ambientes de origem. Repetiam-se as salas de almoço, junto às cozinhas e as salas de jantar e visitas, muito formalizadas, separadas por portas amplas em cristal bisotado ou vidros coloridos. Os detalhes retocavam a imitação: frisos e ornatos de gesso sob as lajes, à moda dos velhos forros de estuque, janelas com venezianas fechando com cremonas e presas por carrancas no exterior ou ainda vidraças de guilhotina, contribuindo, todos eles, para dar aos habitantes a sensação de segurança e liberdade de uma casa isolada, atenuando-lhes as penas de uma terrível claustrofobia.

No conjunto, porém, o resultado seria lamentável. Os novos tipos de edificação conservariam os mesmos lotes e os mesmos esquemas de relacionamento com esses, como as antigas habitações, cujos terrenos tinham vindo ocupar. Torturavam-se então as plantas, a tentar conciliar os velhos esquemas com as novas estruturas. Ocupando-se novamente dois ou três dos limites laterais dos terrenos, sobravam as áreas internas como soluções para arejamento e iluminação dos vários compartimentos afastados da rua. Agora, contudo, as dimensões de áreas livres, que haviam bastado para iluminar uma residência térrea, não poderiam, senão de modo precário, atender às novas condições. A nomenclatura dos códigos era esclarecedora: desapareciam "áreas" e surgiam "poços". Nem poderia ser de outro modo, se os próprios códigos exigiam que edificações nesse gênero fossem levantadas sobre limites e alinhamentos. Em São Paulo, em uma avenida que se abria nesse tempo, mantinham-se as mesmas restrições e os prédios, mesmo os residenciais, eram obrigados a ter a altura de 40 metros.

Predominavam ainda as idéias arquitetônicas e urbanísticas do século XIX, a despeito das amplas mudanças de condições gerais e, como conseqüência, buscava-se a aplicação dos modelos da Paris de Haussmann, com seus quarteirões compactos, superedificados e superpovoados. Até mesmo no aspecto externo buscava-se a semelhança, com desenhos no revestimento, imitando pedra, o mesmo proporcionamento entre os andares e mansardas, sob os telhados de ardósia.

Voltava-se, pois, em certo modo, à aplicação de soluções que já haviam sido superadas. Reforçava-se o esquema de valorização social e arquitetônica das frentes e o desprestígio dos fundos. Assim, os prédios de apartamento continuavam, como as casas, a ter frente e fundos, fachada e quintal, servindo este para garagem, casa de zelador, depósito etc. Na Praia do Flamengo, esquina da rua Ferreira Viana, no Rio de Janeiro, o saguão de entrada era ornamentado como uma sala de visitas e as áreas dos fundos abriam-se em longos alpendres, com colunas de ferro, onde ainda hoje se encontram vasos de samambaia. Em São Paulo, na rua Martim Francisco, o edifício de apartamento mais antigo do bairro — talvez da cidade — é construído sobre o alinhamento da via pública, e suas portas lembram as dos sobrados coloniais, pela posição, ainda que as linhas gerais do prédio sejam de inspiração moderna, especialmente quando se considera a época em que foi construído.

Bem mais precoce, constituindo verdadeira exceção, é o prédio situado à Av. Angélica, entre a Av. São João e a rua Brigadeiro Galvão. Sua implantação também repete a dos sobrados coloniais, sobre os limites do lote, mas a disposição dos apartamentos é uma evidente inovação para a época, voltando banheiros e cozinhas para a frente, tratando o conjunto plasticamente com um racionalismo severo, de modo que os observadores menos prevenidos eram levados a julgar, na época, que aquela fachada mostrava os fundos de um prédio de outra rua.

s edifícios comerciais

atendiam aos padrões de Paris de 1870.

Mas essa experiência era excepcional. Normalmente os prédios repetiam os esquemas das residências. Essa necessidade de pensar os prédios de apartamento como apenas dimensionalmente diversos das casas individuais isoladas, essa impossibilidade de enfrentar um novo problema segundo uma escala adequada, faria com que a verticalização, conquistada pelos aperfeiçoamentos das estruturas de concreto e dos elevadores, ao mesmo tempo que abrisse novas e amplas perspectivas, destruísse as conquistas que a arquitetura vinha realizando nas residências individuais, como a reconciliação com a natureza, a integração dos espaços interiores e exteriores e a liberdade de disposição dos edifícios sobre o terreno.

Algo semelhante ocorria com as construções para escritório e comércio, nos centros das cidades, num processo que se iniciara com o século e ao qual já nos referimos. Logo após a Primeira Guerra Mundial, aproveitando a grande valorização dos terrenos das áreas centrais, as novas possibilidades das estruturas metálicas, mas sobretudo do concreto e o aparecimento dos elevadores, os edifícios sofreriam uma verticalização acentuada; os prédios dessa época, da Avenida Central, no Rio de Janeiro, as construções nas ruas Líbero Badaró e Xavier de Toledo, em São Paulo, marcam essas transformações. Sua implantação e sua aparência exterior revelavam aquelas mesmas influências do urbanismo francês do século XIX, que havíamos assinalado nas construções residenciais e que representariam, na prática, a repetição, quase absoluta, dos esquemas dos antigos sobrados coloniais, que vinham substituir, com todos os agravantes do aumento de dimensões. Sobretudo a mesma preocupação formal com os exteriores voltados para as vias públicas, de sorte que em alguns edifícios da rua dos Andradas em Porto Alegre, da rua Chile em Salvador ou da Cinelândia no Rio de Janeiro, seria possível encontrar as mais variadas composições estilísticas de gosto acadêmico ou mesmo do Ecletismo. Nos interiores, destacavam-se as caixas dos elevadores, envolvidas com grades de metal, no centro de escadarias amplas, de mármore importado. A preocupação com a aparência externa forçava por vezes o aparecimento de andares com altura reduzida, aos quais se chamava sobreloja; isso não impedia, porém, que, em

A solução racionalista

ompensa a implantação
adicional.

muitos casos, os outros andares tivessem pés-direitos elevados ao modo das velhas residências.

Ocupavam-se os antigos lotes com inúmeros edifícios de concreto, aplicando-se necessariamente os mesmos esquemas que vinham dos tempos coloniais, retocados apenas com ligeiras modificações. As evidentes desvantagens dessas soluções estimulariam aqui a busca e aplicação de outras mais atualizadas, que permitissem um reexame das formulações arquitetônicas e urbanísticas. O desmonte do Morro do Castelo no Rio de Janeiro ensejaria uma oportunidade de planejamento de conjunto e um ensaio nessas condições. Nas quadras que ali se constituíram, tornou-se obrigatória a construção de um pórtico no pavimento térreo dos edifícios, de tal sorte que sua continuação veio a formar uma verdadeira galeria, ou passeio, coberto pelos próprios prédios. A inovação tinha, além de outras particularidades, um sentido mais atualizado de relacionamento da arquitetura com o lote, obrigando a utilização de um espaço de edificação particular para uso público; inaugurava-se pois uma forma ampla e mais profícua daquelas relações. Simultaneamente, os fundos dos prédios abriam para um pátio comum, que vinha facilitar as entradas e saídas de serviço e o estacionamento de veículos. Ainda que não rompesse com o fachadismo e os pátios internos estivessem bem longe de uma solução satisfatória, ainda que as edificações formassem blocos contínuos, tratava-se evidentemente de uma transformação radical e, acima de tudo, tentava-se, para um problema tão importante, uma solução em escala adequada ou, de qualquer modo, especial.

Mesmo as indústrias, cujas condições de implantação e dimensões diferiam fundamentalmente de tudo o que até então existira, adaptavam-se aos tipos tradicionais de relacionamento com os lotes. Ressentindo-se de compromissos de um passado recente com o ambiente doméstico, quer em sentido espacial, quer em sentido social, acomodavam-se em galpões com feições de residência, edificados em tijolos, sobre os limites das vias públicas. As preocupações arquitetônicas encaminhavam-se no mesmo sentido que as residências, concentrando-se em detalhes de janelas, de acordo com os

Indústrias com implantação e aparência de residências tradicionais.

estilos em voga, fossem acadêmicas, neocoloniais ou mesmo "modernas". Essas janelas, alteadas para evitar a vista dos passantes, compunham sobre as paredes uma aparência de decoro, ainda que, como fatores de iluminação, pouco valessem. Os telhados ocultavam-se sob platibandas avantajadas, de sorte que os conjuntos reduziam-se a retângulos alongados, de tijolos por revestir, enegrecidos pela fuligem, apenas interrompidos pelas janelas. Estas, de tipos e detalhes residenciais e conservação em geral nula, contribuíam, com seus vidros partidos, para acentuar o aspecto de desolação e miséria. Nos casos especiais, quando um retoque arquitetônico de fachada conseguia, apoiado em pinturas freqüentes, mostrar um conjunto mais composto, o resultado era a volta à aparência estrita de domicílio. Ainda que os interiores fossem por vezes montados com estruturas metálicas, as frentes, bem ou mal compostas, ocultavam tais soluções, organizando-se de modo que ofereciam às ruas aspecto tradicional. Assim, mesmo as construções industriais tinham "frente" e "fundos", respeitando um sentido de valorização social dos espaços de origem residencial; mesmo as indústrias, com grandes dimensões e amplas possibilidades de inovação acomodavam-se às fórmulas rígidas dos tempos coloniais.

Foi só aos poucos, pela ação de arquitetos mais lúcidos como Victor Dubugras, que aquelas construções foram buscando implantações mais complexas e soluções próprias, pondo de lado os aspectos residenciais, de caráter tradicional, e os traços de adaptação. Abriam-se janelas adequadas, mas, sobretudo com estruturas de tijolo ou metal melhor aproveitados, conseguia-se um grau mais satisfatório de iluminação. Na maioria dos casos, não chegava a haver preocupação arquitetônica, apenas objetividade, que se traduzia por soluções mecanicistas. Uma grande oficina mecânica existente à rua Araújo, em São Paulo, construída em tijolos, ilustra a solução.

Desapareciam, portanto, aos poucos, os arcaísmos. Ainda assim, a disposição geral persistiria até por volta de 1940, quando começaram a aparecer as primeiras fábricas com jardins e tratamento arquitetônico coerente, sob o estímulo de novas necessidades e a inspiração do movimento contemporâneo de arquitetura. Nessa categoria pode ser incluído o projeto do arquiteto Rino Levi para a Fábrica Jardim, à Avenida do Estado, em São Paulo, onde já se indicavam as tendências que em breve iriam nortear a arquitetura industrial no Brasil.

1940-1960

O período é de intensa industrialização e urbanização para o Brasil.

O movimento de arquitetura moderna procura aproveitar os recursos oferecidos pelo sistema industrial nascente.

O relacionamento da arquitetura com as estruturas urbanas é reexaminado, surgindo alguns edifícios e conjuntos residenciais com soluções de implantação eficientes.

O período que se inicia por volta de 1940, com a Segunda Guerra Mundial, e que nos traz até 1960, com o plano de Brasília, compreende a fase de mais intensa industrialização e urbanização da história do País. Ocorre então um vertiginoso avanço técnico e econômico, acompanhado de profundas transformações sociais. A ele corresponde também a eclosão do movimento contemporâneo de arquitetura, cujas primeiras manifestações poderiam ser recuadas até a Semana de Arte Moderna de 1922 em São Paulo mas que aguardava as oportunidades adequadas à sua expansão.

O marco inicial dessas transformações seria considerado o projeto do edifício-sede do Ministério da Educação, no Rio de Janeiro. A partir dessa época as obras mais representativas da arquitetura brasileira proporiam uma ampla revisão, com a qual seria tentada uma sintonia entre as possibilidades crescentes da estrutura industrial e as exigências cada vez mais complexas do meio.

Os problemas da implantação da arquitetura urbana seriam corajosamente enfrentados pelos arquitetos e muitos de seus sucessos seriam devidos ao elevado grau de consciência com que reconheciam as suas responsabilidades. As habitações individuais isoladas aproveitariam de modo especial as inovações arquitetônicas, decorrentes do avanço técnico e econômico. Pela primeira vez seriam exploradas amplamente as possibilidades de acomodação ao terreno, em que pese à exigüidade dos lotes em geral. Para isso contribuiria principalmente o uso das estruturas de concreto, que viriam libertar as paredes de sua primitiva função de sustentação e as estruturas de sua rigidez. Agora as lajes de piso e cobertura seriam de concreto, em substituição às velhas estruturas de vigas de madeira, com soalhos de tábuas longas e revestidas por baixo com forros de estuque ou madeira. Também as vigas e colunas eram agora de concreto; as paredes de tijolos não mais seriam estruturais, mas funcionariam apenas como painéis de vedação.

Passavam pois a vigorar os princípios da "planta livre", com ampla flexibilidade, de modo que, pelo menos em teoria, somente seriam satisfeitas nos projetos as exigências de funcionalidade e da própria composição. Se, por um lado, na prática esses alvos estavam

Uma nova arquitetura,

uma nova estrutura urbana.

longe de um completo atendimento, por outro é inegavel que seriam superados os entraves que ainda dificultavam o desenvolvimento na organização espacial.

As edículas seriam integradas nas edificações principais. A incorporação se operaria de modo a transformar em áreas de serviço pequenas parcelas de um dos afastamentos laterais, ou mesmo dos afastamentos das vias públicas. Assim, os velhos quintais das residências isoladas, com seus compromissos rurais, reduziam-se agora a pátios ou corredores murados, deixando para usos socialmente mais valorizados a maioria dos espaços externos. Desaparece, então, a orientação frente-fundo dos projetos com toda a antiga conotação de valorização e desvalorização. Fundos, frentes ou lados viriam a ser jardins e locais de estar, quando conveniente, e até mesmo as frentes, contra todos os preconceitos, ostentariam pátios murados das novas áreas de serviço. A isso corresponderia a possibilidade de mais eficaz disposição funcional, deslocando-se salas e dormitórios para os locais melhor isolados ou sombreados, conforme a condição de clima. Corresponderia também claramente um desenvolvimento do paisagismo, de modo a explorar cada parcela de área livre, ligando os espaços externos aos internos. As soluções, os materiais e as próprias árvores sofreriam renovação; empregavam-se agora plantas nacionais, reconstituíam-se aspectos da própria natureza do País e chegou-se a descobrir o encanto decorativo da "barba-de-bode", o mais humilde dos capins nativos.

Apoiada, portanto, nas possibilidades oferecidas pela "planta-livre" no interior e pela superação dos mais sérios preconceitos no exterior, com a conseqüente reconciliação da habitação com a paisagem, a arquitetura de residências atingiria altos padrões de composição.

Tecnicamente a renovação não se restringiu ao uso do concreto. As limitações de importação e necessidades internas do país, no período da Segunda Guerra Mundial, que persistiriam em seguida e até hoje, constituiriam estímulo suficiente para que nossa indústria fosse substituindo completamente os materiais importados, por produtos nacionais, dia a dia mais perfeitos. Essas mudanças se refletiriam na arquitetura. Os detalhes, sobretudo, perdidos os vínculos com um processo qua-

implantação racional compensa

estrutura urbana tradicional

se automático de importação, dos mercados produtores internacionais com tradições próprias, passariam por uma revisão salutar, tanto do ponto de vista funcional, quanto do ponto de vista formal. Janelas, portas, luminárias, ferragens, louças sanitárias ou elementos de decoração como cortinas e móveis, tapetes e objetos de adorno, seriam aos poucos influenciados por uma renovação geral do gosto, cujas origens podem ser encontradas no movimento de arquitetura contemporânea e cujos efeitos alcançariam até mesmo os objetos de utilidade doméstica mais eminentemente influenciados pelas tradições, como os talheres, louças e, de certo modo, o vestuário.

As mudanças nos sistemas de cobertura, resolvidos agora com telhas de novos materiais, com pequenas inclinações, apoiadas sobre as lajes de concreto e ocultas sob discretas platibandas, dariam ensejo a uma geometrização geral dos volumes, nos termos dos modelos estrangeiros das casas de teto plano, de gosto cubista. Internamente essa inovação possibilitaria a variação dos níveis de pé-direito em cada compartimento, acompanhando a declividade suave do telhado. Externamente as inovações plásticas corresponderiam à decadência do fachadismo e ao tratamento arquitetônico homogêneo de todas as elevações.

Refletindo as alterações sociais da época e a crescente democratização da vida, toda a organização espacial modificava-se no sentido de valorizar a vida familiar como uma unidade. Ao mesmo tempo que se enfraqueciam tendências exibicionistas vinculadas às salas das casas tradicionais, tentava-se um tratamento arquitetônico consistente de todas as funções e parcelas de espaço. Como decorrência dessa orientação, não apenas salas, mas dormitórios, banheiros, vestiários, passagens ou escadas sofreriam um reexame que os livraria do desprestígio anterior, passando a ser enfrentados como parcelas de um mesmo ambiente, passíveis de um equivalente tratamento arquitetônico. Todo um sentido manual de realização das tarefas domésticas seria rapidamente superado pela crescente industrialização do País, com o fornecimento de equipamento mecânico de uso domiciliar e iria encontrar nas proposições de nossa arquitetura contemporânea, as fórmulas mais adequadas à reorganização da vida nas residências, com menores recursos de mão-de-obra. Como conseqüência, os locais de trabalho seriam atualizados, quase naturalmente, pelo emprego de aparelhos de utilidade doméstica.

Aos objetivos de valorização da unidade fundamental da vida familiar, corresponderiam tentativas de organização espacial das residências com interpenetração de espaços. Em oposição ao primitivo fracionamento do espaço interno das casas tradicionais, com suas salas e saletas, fossem de música ou de estar, de almoço ou de jantar, de visitas, de estudos e de vestir (ao ponto de se chamarem, no Sul, de salas-de-banho os banheiros), buscava-se uma integração das partes de uma unidade básica, não pela soma, mas por uma continuidade espacial que substituísse o antigo excesso de

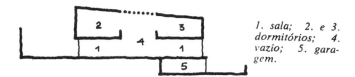

1. sala; 2. e 3. dormitórios; 4. vazio; 5. garagem.

paredes e abolisse inúmeras portas, chaves, trincos e fechaduras. Em alguns projetos, foi tentada mesmo a ligação da sala com o local de serviço, com a conseqüente valorização social e arquitetônica daquela peça que havia sido a mais rigorosamente desprestigiada pela organização tradicional: a cozinha. Essas inovações possibilitariam a ampliação e o enriquecimento do espaço interno das residências menores, até então amesquinhado por um sem-número de subdivisões, ao modo das casas maiores.

Claro está que os preconceitos em relação a certas parcelas do espaço residencial, em especial em relação aos locais de serviço, não lograriam desaparecer, como até hoje não desapareceram. Contudo, perderam a força de diretrizes.

Mais recentemente vem-se delineando um tipo de orientação diversa. Ao contrário das velhas casas, preocupadas com a exibição de suas salas à rua, surgem agora pátios e jardins nos fundos ou na parte central, longe da vista dos estranhos, para os quais abrem-se quartos e salas, num ambiente de completa intimidade. Esses pátios aparecem como decorrência de corpos de construção mais ou menos destacados, unidos por escadas ou rampas. São esses uma clara revelação do empenho de conseguir um ambiente de intimidade para a vida social e da família. A possibilidade de controlar essa paisagem interior, de modo a conquistar uma perspectiva de repouso, em contraposição à exterior, incontrolável e de modo crescente opressiva, vem sendo manipulada de formas diversas pelos arquitetos. Rino Levi, por exemplo, voltaria algumas de suas casas tão decididamente para o interior, que os jardins externos seriam totalmente abertos para a rua. O custo excessivo dos terrenos e sua conseqüente exigüidade, o aspecto cada vez mais desordenado e mesmo convulsionado da paisagem urbana e o custo sempre menor do concreto, em relação a outras técnicas, justificam o aparecimento de algumas soluções desse tipo de residência, constituídas de uma caixa de concreto construída quase sobre os limites laterais — cujos afastamentos são desprezados por excessivamente exíguos — com um pátio interior e outro de fundos. Vilanova Artigas, dentro da linha de evolução de sua obra, constrói essa perspectiva interior como um jardim cercado por dois blocos, ligados por rampas. Os jovens Rodrigo Lefèvre e Sergio Ferro constroem-na como um jardim dentro do próprio espaço arquitetônico, protegido por cobertura de plástico e controle de insolação. Em casos como esses obtém-se uma abertura total dos compartimentos para o espaço interior; naqueles, quando se impõem, aparecem os vidros de separação.

Esse emprego crescente do concreto em larga escala tem permitido uma exploração mais ampla da composição em vários planos, sendo esses freqüentemente associados a uma intenção simbólica. O concreto surge também como o elemento plástico fundamental, razão pela qual é deixado ao natural, numa solução que já tem sido chamada de brutalista. Nessas oportunidades têm sido colocadas também algumas formulações de técnicas construtivas de pré-moldados, parcialmente inadequadas para residências individuais, mas significativas de um desenvolvimento que já se anuncia.

Nessa época, sob a pressão do crescimento e da concentração demográfica, multiplicaram-se os prédios de apartamento cujas vendas foram facilitadas pelo sistema de condomínio. A solução da questão de propriedade do lote seria dada pelo sistema da propriedade de uma "quota-parte ideal" cujo correspondente material viria a ser um direito de construir nem sempre suficientemente esclarecido. A transformação nas relações entre o lote urbano e a arquitetura chegou nesse caso a um ponto máximo de adaptação das velhas soluções coloniais.

Por outro lado, logo após a Segunda Guerra Mundial começaram a aparecer alguns conjuntos de edifícios de apartamentos cuja implantação já apresentava características totalmente renovadoras. Assim ocorreria no Parque Guinle, no Rio de Janeiro, onde o projeto de Lúcio Costa conseguiria uma disposição dos edifícios que simultaneamente valorizaria o parque e

consciência a natureza local

garantiria a integração daqueles na paisagem. Aproximadamente nessa época, em São Paulo, projetando o edifício Louveira, à Praça Vilaboim, J. Vilanova Artigas utilizaria dois blocos isolados, com um jardim intermediário, aproveitando também muito da excepcional situação do terreno junto à praça. Com tais implantações, esses edifícios rompiam com os compromissos herdados das residências individuais e pode-se dizer que neles, pela primeira vez, um edifício de apartamentos não apresentava mais quintal. Desse modo, dava-se passo significativo para o estabelecimento de uma nova escala nas relações entre arquitetura e lote urbano e encontravam-se, para novas formas de habitação, novos esquemas de implantação. Também desse tempo, o conjunto residencial de Pedregulho, na Guanabara, projetado pelo arquiteto Affonso Eduardo Reidy, deveria servir de residência para funcionários da antiga Prefeitura do Distrito Federal, com baixo padrão de vida. As dimensões do terreno disponível e a própria escala do programa conduziriam o arquiteto a esboçar uma unidade de vizinhança onde seria tentada a solução de toda uma série de questões até então consideradas como fora do plano da habitação, mas que haviam sido resolvidas dentro dessa na ordem tradicional — e que, por isso, estavam sendo ignoradas em nossos dias. Desse modo, além dos pavilhões residenciais, foram projetados e construídos equipamentos para uso comum, como escola primária, ambulatório médico, mercado e praça de esportes.

No edifício Louveira, no Parque Guinle ou no conjunto de Pedregulho, os arquitetos brasileiros vinham apontando os caminhos para solucionar os problemas básicos de implantação da arquitetura urbana no século XX. A grande oportunidade, porém, ainda estaria por vir. Seria o plano de Brasília.

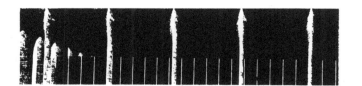

5 Brasília

A construção de Brasília constitui uma das mais importantes experiências arquitetônicas e urbanísticas deste século.

O plano vencedor propõe uma ampla renovação nos esquemas de implantação da arquitetura urbana.

Seu funcionamento, mesmo parcial, já permite constatar as vantagens de sua aplicação.

Ao examinar as relações entre o lote urbano e a arquitetura no Brasil, o caso de Brasília surge como uma experiência voltada para o futuro, que representa o esforço mais sério que já se fez, para enfrentar em larga escala esses problemas no País.

O concurso do Plano de Brasília ofereceu aos arquitetos brasileiros a oportunidade para formular propostas realmente renovadoras para o planejamento urbano brasileiro e com amplitude de vistas dos problemas de implantação da arquitetura urbana. Os principais projetos apresentados atendiam aos padrões mais atualizados, segundo os critérios defendidos pela Carta de Atenas e de acordo com as experiências mais recentes. Pela primeira vez resolviam-se, de modo amplo, simultaneamente, problemas arquitetônicos e urbanísticos, aumentando-se as possibilidades de sucesso em ambos os setores. Em todos os projetos os edifícios exploravam as tendências à verticalização e eram, ao mesmo tempo, implantados numa paisagem ordenada, com garantia de luz, ar e sol. Em cada um deles os sistemas viários eram racionalizados e dispostos de modo a não prejudicar o pedestre e conseguir altos índices de velocidade e utilização dos transportes mecânicos.

O que certamente não seria possível é a realização de uma arquitetura com tal padrão, sem aquelas soluções de implantação ou essas soluções urbanísticas sem tais esquemas de relação entre arquitetura e solo urbano. A atualização é recíproca. A plena exploração dos recursos que a tecnologia põe ao alcance da arquitetura e do planejamento urbano só pode ser alcançada por meio de fórmulas que envolvam o seu encaminhamento simultâneo. Se pretendêssemos generalizar, diríamos que a evolução de um aspecto de uma estrutura urbana só tem sentido em função da evolução do conjunto da estrutura.

Tomemos o projeto vencedor, do qual já se tem uma razoável possibilidade de verificar a aplicação. Uma das características mais interessantes, bem explicável por vir de Lúcio Costa, é a variedade, quase riqueza, das soluções de implantação dos edifícios, a bem dizer uma para cada tipo de atividade e, simul-

taneamente, a exatidão dessas escolhas, a atualidade de suas formulações tanto no que se refere ao arquitetônico, como no que se refere ao urbanístico.

No projeto de Lúcio Costa, os conjuntos residenciais foram organizados segundo dois tipos de implantação: as superquadras e as casas populares. As primeiras compreendem 11 blocos de apartamentos distribuídos sobre uma quadra com superfície maior do que nos exemplos tradicionais. Sua disposição é de tal modo, que todos os blocos tocam em algum ponto um sistema viário para automóveis e serviços e, ao mesmo tempo, ligam-se aos sistemas para pedestres, que levam aos parques, às áreas de recreação, aos demais blocos e ao comércio local, sem cruzamentos com o outro sistema.

A implantação dos blocos, adrede planejada, assegura-lhes arejamento e insolação adequadas, deixando lugar a amplas áreas livres ao nível térreo, áreas essas cuja continuidade espacial é preservada por terem os prédios andar térreo livre. A disposição desses apartamentos, atendendo apenas a tais objetivos, permite ainda uma solução plástica homogênea e clara, sem formalismos de "frente e fundos" e sem pseudoquintais.

Entre os edifícios, nos locais mais adequados, são dispostos os equipamentos mínimos exigíveis pela vida contemporânea: escolas primárias, parques infantis, mais adiante o pequeno comércio. O conjunto de quatro quadras constituindo uma unidade de vizinhança, entre elas são dispostos equipamentos de maiores proporções, para o atendimento de um público mais numeroso: o supermercado, o cinema e, futuramente, a creche. A instalação desses equipamentos — que ainda não foi completada mesmo nas quadras já edificadas — tenta oferecer em escala mais ampla e atualizada os serviços, que, nas estruturas tradicionais, eram solucionados quase que exclusivamente no plano doméstico e contando sempre com as facilidades de mão-de--obra escrava, serviços esses que por isso mesmo, após a abolição, começaram a passar por uma fase de evidente crise.

100

As habitações populares também são implantadas de modo racional.

Com essa nova forma de organização espacial, conseguiu-se superar a velha noção de lote urbano, como algo separado da construção. As vendas, nas super-quadras, não foram de lotes, mas de espaços destinados à construção, de projeções de edifícios com altura pré-determinada, do direito de construção de uma determinada habitação, deixando de lado também a noção ingênua de "quota-parte ideal de terreno" dos nossos condomínios.

Os conjuntos de casas populares, ainda que organizados em linhas contínuas, são servidos por ruas de serviço e faixas ajardinadas com acesso para pedestres. Assim, graças a uma implantação melhor planejada, mesmo aos tipos mais simples de habitação, sempre mais comprometidos com esquemas tradicionais, foi possível conferir os benefícios de serviços racionalizados e adequados às exigências da vida contemporânea.

De modo semelhante foi organizada a implantação do comércio nas superquadras, procurando-se voltar as lojas para as vias de acesso dos pedestres, reservando-se a rua apenas para o trânsito de serviço. Nesse caso, porém, a solução não correspondeu às exigências do próprio comércio, cuja disposição no terreno deve ser de molde a criar uma perspectiva mais restrita e íntima, estreitando o contato entre os consumidores e as lojas. Como conseqüência, o acesso às lojas é hoje feito todo ele, para o público e para o serviço, pelas ruas, ficando os fundos abandonados.

Os setores comerciais foram dotados de formas especiais de implantação, capazes de atender com eficiência às suas finalidades. Os edifícios são dispostos segundo dois sistemas básicos de circulação: as ruas de serviço e as passagens de pedestres. As primeiras são desenvolvidas parte em valas a céu aberto, parte em subterrâneos, que facilitam o transporte de cargas e a circulação de serviços, cujo volume é normalmente grande, pois sua interferência é sempre suficiente para perturbar as outras circulações. As passagens de pedestres são facilitadas por cobertas que cortam ou acompanham os blocos, ligando-os às ruas próximas e garantindo um máximo de aproveitamento dos térreos para lojas e galerias. Com essa nova disposição o setor comercial consegue resolver alguns dos problemas básicos desse tipo de edificação. Por um lado garante iluminação e arejamento em abundância para os escritórios e facilidades de circulação de serviço para o comércio. De outro, garante a limitação de perspectiva, a quase intimidade necessária, nas ruas de comércio, que facilita o contato entre o público e as lojas. Essa ambientação é facilitada pelas galerias de proteção para os pedestres, inclusive como elementos de controle da iluminação, como a que vem sendo utilizada no conjunto de lojas às portas do Hotel Nacional de Brasília.

Conseguiu-se portanto uma forma realmente nova e objetiva de implantação, libertando-se os planos das heranças do velho sobrado e do comércio português, instalado junto à residência e construído à feição dessa. Também aqui desaparece a idéia do "quintal" e são procuradas soluções de implantação, tendo em vista, exclusivamente a funcionalidade de escritórios e lojas, no sentido mais amplo.

102

s áreas comerciais organizadas também de modo racional.

Esses dois fatores — passagem para pedestres e ruas de serviço — e essa liberdade de composição, serão considerados também para outros tipos de construção: setor hoteleiro, setor de diversões, setor bancário etc. Os edifícios em construção e os concluídos já permitem uma primeira noção do funcionamento futuro desses setores.

Outro tipo de disposição foi empregado nas lojas da Avenida W-3, onde hoje ainda se concentra a maioria do comércio da cidade: as lojas no pavimento térreo e dois andares de escritórios na parte superior. Sabe-se que muitas vezes os andares superiores são utilizados como residência dos lojistas, contra os planos iniciais, mas essa é certamente a solução mais prática para o comércio dessa escala. Também nesse caso as partes do fundo abrem-se para ruas de serviço, racionalizando-se a circulação. Faltou apenas um enquadramento arquitetônico mais rigoroso para essa parte.

Com programas tão ambiciosos de atualização das relações de implantação da arquitetura urbana brasileira, o plano de Brasília deu ênfase especial e mesmo oportunidade especial, para o desenvolvimento de uma nova paisagem urbana. Na prática, porém, o que se viu durante muito tempo foi a omissão do paisagismo — ou sua aplicação em escala limitada — com resultados negativos muito sérios, pois um melhor tratamento paisagístico em Brasília não é questão de estética mas de necessidade elementar.

O plano de Lúcio Costa para Brasília representa a experiência mais séria sobre implantação da arquitetura urbana brasileira e aponta os caminhos que essa terá necessariamente que escolher para que possa alcançar os níveis de eficiência plástica e funcional que lhe cabem e que nossos arquitetos já estão em condições de lhe dar. A perspectiva sem limites que trará a pré-fabricação, cujo uso já se iniciou no Brasil, só poderá adquirir significado nessa escala. Somente os empreendimentos amplos, com a racionalização de todos os elementos da obra e muito especialmente dos esquemas de implantação, poderão oferecer terreno adequado à industrialização. Somente essa, por certo, poderá resolver os problemas da construção no País.

6
Uma nova perspectiva

Em alguns projetos recentes vêm sendo empregados esquemas de implantação semelhantes aos da área central de Brasília.

Plataformas para pedestres e edifícios comerciais são instalados sobre pátios de estacionamento e vias de trânsito rápido.

Os padrões extremamente elevados de controle das relações entre a arquitetura e o urbanismo, assim alcançados, demonstram a capacidade dos arquitetos brasileiros.

Os padrões da arquitetura urbana têm variado, portanto, no Brasil, em função de seu relacionamento com a estrutura urbana. Das quadras formadas por blocos contínuos, do urbanismo medievo-renascentista, que prevaleceram no período colonial, onde as possibilidades de remanejamento formal dos edifícios estavam limitadas ao jogo bidimensional do plano das fachadas, passou-se aos esquemas influenciados pelas cidades-jardim, com as residências isoladas, de 1900, que se "compunham" como pequeninos palácios, com seu fachadismo tridimensional.

O passo seguinte seria a racionalização das estruturas urbanas, proposta pelo chamado movimento de arquitetura moderna e pode ser entendido como um esforço fundamentalmente analítico, para identificar e isolar no espaço cada elemento funcional da organização urbana, libertando-o dos compromissos do tipo tradicional (quadra, rua, lote) e relacionando-o com os outros elementos e suas funções, através das vias de circulação. Nesse sentido, o urbanismo racionalista pode ser visto como a última etapa de um longo processo para libertar as estruturas urbanas contemporâneas dos modelos herdados de outras épocas, que dificultam a sua adaptação às exigências da sociedade industrial. Através de sua aplicação, a cada função vai corresponder uma determinada área e um determinado tipo de edifício — uma unidade de habitação, de indústria ou de distribuição — que se definirá no espaço como um sólido independente, como um conjunto, cujas formas serão determinadas de acordo com as suas finalidades.

Entretanto, é possível perceber, no plano de Brasília, uma série de soluções de caráter mais integrador do que analítico, que vieram apontar novos caminhos para a reorganização das cidades contemporâneas, influenciando direta ou indiretamente as propostas mais importantes surgidas no Brasil e no exterior a partir daquela época.

Essas tendências, às quais já tivemos oportunidade de nos referir mais longamente em outro trabalho[1], podem ser caracterizadas como tentativas de integrar funções e elementos espaciais em conjuntos de grande complexidade, sem nenhuma relação com as

(1) REIS, Nestor Goulart. *Urbanização e Teoria*. Livraria Pioneira Editora.

Uma
nova
perspectiva

soluções de tipo tradicional. As áreas de uso intenso, como centros de recreação e de convívio, são organizadas como grandes estruturas de uso exclusivo para pedestres, dispostas em vários níveis, articuladas com escadas rolantes e rampas; sob essas estruturas alinham-se as vias de transporte, os pátios de estacionamento e os depósitos de carga. Nesses conjuntos, as lojas, os cinemas, como os edifícios para escritórios, são feitos ou refeitos de acordo com as necessidades; o planejamento, a arquitetura e mesmo o uso do espaço, capazes de acompanhar a sua própria renovação, caracterizam-se como processos e não mais como obras acabadas.

Tendências dessa ordem podem ser reconhecidas em quase todos os setores do centro de Brasília: na plataforma rodoviária, no setor bancário, no setor de recreação e partes do comércio. Em seguida, surgem no centro compacto de Cumbernauld, junto de Glasgow, no projeto de Hook New Town e em vários estudos de urbanistas ingleses, franceses, americanos e de diversos outros países, incorporando-se às teorias mais recentes de planejamento. Na cidade de São Paulo está sendo terminado um conjunto com algumas dessas características, sobre a antiga Praça Roosevelt. Seus resultados positivos virão demonstrar a eficiência de soluções desse tipo e é possível que, em breve, com o seu emprego, alguns setores como o Anhangabaú, em São Paulo, tenham seus problemas resolvidos e as áreas centrais sejam devolvidas ao uso pleno dos pedestres, sem perder a sua íntima articulação com os meios de transporte, que é a própria razão de sua existência. Um projeto semelhante em fase de conclusão, elaborado por um grupo de jovens arquitetos, para os edifícios que deverão abrigar os órgãos técnicos da Secretaria da Agricultura do Estado, por certo virá reforçar as vantagens do uso de soluções dessa ordem.

De qualquer maneira, a generalização de procedimentos de tal complexidade exige a instalação de serviços de planejamento com caráter permanente e um nível técnico elevado, como ocorreu em Brasília Até há alguns anos atrás, ainda era possível acreditar que medidas dessa ordem podiam ser proteladas. Hoje, em centros como Guanabara e São Paulo e em todas

108

as áreas urbanas com população em torno de um milhão de habitantes, de Porto Alegre a Belém, torna-se claro que essa protelação tem um custo mais elevado.

A arquitetura brasileira já tem condições de acompanhar as soluções urbanísticas mais avançadas. É necessário porém que surjam estruturas urbanas atualizadas, para que a arquitetura possa explorar todas as suas possibilidades. Mas essa é uma tarefa que não depende só dos arquitetos.

Arquitetura brasileira no século XIX

1 O neoclássico da Academia Imperial

Até por volta de 1870, predominou uma arquitetura de influência neoclássica, difundida pela Missão Francesa e pela Academia Imperial.

Essa arquitetura alcançou elevados padrões de correção formal e construtiva mas os recursos para a sua produção e uso eram importados do continente europeu.

Por essa razão, ficou restrita apenas ao meios oficiais e às camadas mais abastadas do litoral, em contato permanente com a Europa.

O século XIX não tem sido tema de publicações muito numerosas, entre os estudiosos da arquitetura no Brasil. Assim, embora tenhamos abordado o assunto de modo sumário em trabalhos anteriores, julgamos oportuno insistir no exame de alguns de seus aspectos mais característicos.

O estudo de numerosos edifícios, distribuídos por várias áreas do País, convenceu-nos de que a arquitetura da primeira metade do século passado, pela maioria de seus exemplos, poderia ser considerada como simples continuação dos padrões coloniais. Conservando-se as condições de vida econômico-social do período colonial, com o trabalho escravo e a agricultura de exportação, e reforçando-se mesmo as suas bases, com o desenvolvimento da cultura do café, estava assegurada a continuidade dos esquemas de produção e utilização da arquitetura. Os sobrados dos bairros novos do Rio de Janeiro, como os da Rua da Praia, em Porto Alegre, construídos pelos mestres-de-obra portugueses, de modo simples e despretensioso, com suas fachadas revestidas de azulejos e os portais de pedra, obedeciam à mesma divisão interna dos sobrados setecentistas e utilizavam as mesmas técnicas construtivas cuja existência dependia, fundamentalmente, do trabalho escravo. O escravo continuava a ser mão--de-obra para a construção, como para o funcionamento das casas, desprovidas ainda mesmo de serviços de água e esgoto. As descrições deixadas por Vauthier[1] sobre o Recife de 1840 seriam válidas para as residências do Brasil no século anterior: no andar térreo, a loja ou depósito, abrindo para a rua; ao lado, o corredor e a escada, levando à residência, no sobrado, com os salões da frente, alcovas na parte central e a sala de viver aos fundos. Mesmo em fins do século passado, e após a abolição da escravatura, nas cidades do Vale do Paraíba, em São Paulo, como São Luís do Paraitinga, construíram-se sobrados dentro dos mesmos padrões e com paredes de taipa de pilão.

A arquitetura mais modesta, como a casa térrea, casa de venda ou tenda de artesão, com maior razão conservava os mesmos traços. Apenas os casos — menos numerosos — das construções oficiais e das mora-

---

(1) VAUTHIER, L. L. *Diário Íntimo do Eng. Vauthier*. Publicação do SPHAN - nº 4, Rio de Janeiro, 1940.

114

A Academia fez surgir uma

arquitetura semelhante à européia.

dias das famílias mais ricas apresentavam inovações que pretendiam seguir uma orientação neoclássica e aproveitar alguns dos aperfeiçoamentos das técnicas dos países mais adiantados da Europa.

É possível afirmar mesmo que a influência neoclássica processou-se, no Brasil, em dois níveis diferentes. Nos centros maiores do litoral, em contato direto e permanente com o meio europeu e onde os costumes guiaram-se de perto pelos do Velho Mundo, desenvolveu-se um nível mais complexo de arte e arquitetura que chegou a alcançar elevados padrões de correção formal e se integrou, pela aparência, pelos detalhes e pelas formas de construção, nos moldes internacionais de sua época.

Esse quadro de arte refinada, presente apenas em algumas obras especiais do Rio de Janeiro, em Belém ou no Recife, não correspondia porém às transformações de tipo superficial, mas de larga difusão, ocorridas na arquitetura mais simples, naqueles centros e no conjunto das províncias, que podem e devem ser consideradas como constituindo um nível distinto de influência.

A origem do Neoclássico no Brasil é identificada geralmente com a contratação da missão cultural francesa, chefiada por Lebreton, chegada ao Rio de Janeiro no início de 1816, que reunia, entre diversos artistas de renome da Europa, o arquiteto Grandjean de Montigny, acompanhado de dois assistentes e de diversos artífices. O objetivo de D. João VI era utilizar os mestres europeus para "estabelecer no Brasil uma Escola Real de Ciências, Artes e Ofícios, em que se promova e difunda a instrução e conhecimentos indispensáveis aos homens destinados não só aos empregos públicos da administração do Estado, mas também ao progresso da agricultura, mineralogia, indústria e comércio, fazendo-se portanto necessário aos habitantes o estudo das Belas Artes com aplicação referente aos ofícios mecânicos cuja prática, perfeição e utilidade depende dos conhecimentos teóricos daquelas artes e difusivas luzes das ciências naturais, físicas e exatas"[2]... O projeto foi retardado, de sorte que somente em novembro de 1826

(2) Decreto de 12 de agosto de 1816. Citado em TAUNAY, A. — A Missão Artística de 1816 — Publicação do SPHAN — Rio de Janeiro — PE. 18.

foram inaugurados os cursos da que foi denominada Imperial Academia de Belas-Artes.

Os discípulos de Grandjean, conservando a orientação do mestre — que construiu diversos edifícios de importância como a antiga Alfândega e o primeiro prédio da Academia de Belas-Artes e continuou lecionando até 1850 — realizaram no Rio de Janeiro uma obra de notável apuro formal e construtivo, cujas repercussões prolongaram-se até à queda do Império. Conservam-se ainda hoje muitos dos edifícios construídos por esses arquitetos, como o Palácio Itamarati, antiga residência, projetada por José Maria Jacinto Rebello, onde hoje funciona a sede do Ministério das Relações Exteriores, no Rio de Janeiro. Com o mesmo caráter foram realizadas inúmeras obras, quase sempre oficiais, como o Palácio Imperial de Petrópolis ou residências das principais figuras da Corte e dos grandes proprietários rurais.

A arquitetura elaborada sob a influência da Academia era caracterizada pela clareza construtiva e simplicidade de formas. Apenas alguns elementos construtivos como cornijas e platibandas eram explorados como recursos formais. Em geral, as linhas básicas da composição eram marcadas por pilastras, sobre as quais, nas platibandas, dispunham-se objetos de louça do Porto, como compoteiras ou figuras representando as quatro estações do ano, os continentes, as virtudes etc. As paredes, de pedra ou de tijolo, eram revestidas e pintadas de cores suaves, como branco, rosa, amarelo ou azul-pastel e sobre esse fundo se destacavam janelas e portas, enquadradas em pedra aparelhada e arrematadas em arco pleno, em cujas bandeiras dispunham-se rosáceas mais ou menos complicadas, com vidros coloridos.

Os corpos de entrada, salientes, compunham-se de escadarias, colunatas e frontões de pedra aparente, formando conjuntos, cujas linhas severas evidenciavam um rigoroso atendimento às normas vitruvianas. Nesses pontos, sobretudo, é que se aplicava com esmero a imaginação dos arquitetos, na utilização dos ensinamentos acadêmicos, com o objetivo de marcar as obras em termos de estilo.

A essa transformação do caráter geral da arquitetura, correspondeu um novo modo de organização dos espaços interiores. O desenvolvimento dos núcleos urbanos de maior importância do litoral, em especial junto à Corte do Rio de Janeiro, implicou na alteração das formas de habitar e dos mecanismos de relacionamento da vida familiar com o conjunto da sociedade. Desencadeou-se portanto um processo de transformação dos velhos hábitos patriarcais — nitidamente influenciados pela vida da burguesia européia, então em ascensão. À austeridade e quase rusticidade dos interiores dos tempos coloniais, vinham substituir tendências de grande valorização decorativa. Revestiam-se as paredes com papéis coloridos de motivos ornamentais, importados da Europa, capazes de disfarçar, mesmo nas construções mais grosseiras, as imperfeições de acabamento.

Nesses ambientes, sempre rebuscados, desenvolvia-se intensa vida social. Nas residências das famílias mais abastadas, as salas destinadas às recepções recebiam tratamento especial, com pinturas originais nos forros, paredes e folhas de portas e janelas. Nos salões, as tapeçarias e um mobiliário mais complexo e atualizado vinham introduzir condições de conforto e ordenação formal, anteriormente quase desconhecidas. Em algumas regiões, formaram-se verdadeiras escolas de mobiliário, com soluções de âmbito regional.

Com esse tratamento, eram abertas às vistas dos estranhos não apenas as salas e saletas de entrada, como ocorria nos velhos sobrados coloniais, mas também saletas de música e capelas, corredores e salas de jantar. Acentuava-se, porém, indiretamente, a diferenciação entre esses locais e os de uso mais íntimo, ou seja, os destinados à vida da família, como dormitórios e salas de almoço — aos quais jamais chegavam os estranhos — e os de serviço, onde ainda pesava a sombra dos escravos. A sombra apenas, pois o funcionamento dessas residências, nos exemplos mais perfeitos, implicava na substituição de mão-de-obra escrava, sempre grosseira e imperfeita, por criadagem européia.

A transformação atendia à mudança dos costumes, que incluíam agora o uso de objetos mais refinados, de cristais, louças e porcelanas, e formas de comportamento cerimonial, como maneiras formais de servir à mesa e, ao mesmo tempo, conferia ao conjunto, que

118

Arquitetura refinada

para o meio oficial

procurava reproduzir a vida das residências européias, uma aparência de veracidade. Desse modo os estratos sociais que maiores benefícios retiravam de um sistema econômico baseado na escravidão e destinado exclusivamente à produção agrícola, procuravam criar, para seu uso, artificialmente, ambientes com características urbanas e européias, cuja operação exigia o afastamento dos escravos e onde tudo ou quase tudo era produto de importação: louças, móveis, papéis de parede, cristais, jardineiros, tapeçarias, pianos, professores de piano, roupas, governantes, literatura, música, pintura, água mineral de Vichy, manteiga e arquitetos.

A ação cultural dos arquitetos estrangeiros e seus discípulos no Brasil contribuiu não apenas para a modificação formal dos ambientes, mas também para o aperfeiçoamento e mesmo certo apuro das formas de construir. Ainda que na maioria dos casos as estruturas fossem de extrema simplicidade, a execução revelava um domínio dos materiais e das técnicas que apenas excepcionalmente poderiam ser encontrados durante o período colonial. As obras dos arquitetos ligados à Academia, no Rio de Janeiro, ou de Vauthier, no Recife, estruturavam-se com paredes de pedra ou tijolo, cuja execução era entregue, em geral, a grupos de oficiais mecânicos estrangeiros[3]. Essa preocupação pelo aperfeiçoamento técnico é revelada inclusive pela correspondência de arquitetos e engenheiros da época, mas sua concretização estava na dependência, para todos os elementos de acabamento, de materiais importados. Traziam-se da Europa vidros, ferragens, mármores, luminárias, calhas e até mesmo telhas e madeira para portas, janelas e estruturas de telhado.

Nessa época, com base nos aperfeiçoamentos construtivos e na alteração dos hábitos, tornou-se comum, mesmo nas residências mais refinadas, a utilização pelas famílias do pavimento térreo, o qual, segundo as tradições coloniais, até essa época era destinado apenas às lojas, depósitos e acomodações de escravos. Para atender aos novos usos, garantir a revalorização do ambiente e proteger a intimidade dos interiores, os velhos pisos de pedra ou de terra batida foram substituídos por soalhos de tábuas largas, apoiadas em grossas vigas de madeira, que distavam do terreno de um a dois metros. Essa forma de organização interna aproximava e ao mesmo tempo mantinha afastado do solo o andar térreo, onde passavam a se localizar os cômodos de permanência diurna. Noutros exemplos as casas eram dispostas em um só pavimento, constituindo-se uma nova forma de residência. Um exemplo característico existe ainda hoje na rua do Catete, no Rio de Janeiro, onde funciona o asilo de São Cornélio. Nesses casos os porões revelavam-se nas fachadas, pela abertura de uma fileira de óculos, alinhados sob as janelas dos salões. Às vezes eram habitados e a eles tinha-se acesso por meio de pequenas escadas dispostas em pontos discretos, quando acomodavam locais de serviço e depósito de lenha. Os cômodos da parte fronteira, abrindo sobre a rua, eram reservados aos salões, com toda a parte social da casa; para dentro ficavam

(3) VAUTHIER, L. L. *Diário Íntimo do Eng. Vauthier*. Publicação do SPHAN, nº 4, Rio de Janeiro, 1940.

120

O esquema do sobrado português altera-se sob a influência neoclássica.

as alcovas e quartos, a sala de jantar, e, ao fundo, os serviços. Os cuidados maiores no acabamento eram reservados às fachadas e as soluções mais simples aos cômodos de fundos.

Sobre os seus porões altos, térreas ou sobrados, as residências urbanas construídas dentro dos novos padrões continuavam porém a utilizar as mesmas soluções de implantação dos tempos coloniais. Construídas sobre o alinhamento das ruas e sobre os limites laterais dos lotes, empregavam um tipo de relação com o lote urbano, de características medieval-renascentistas[4]. As residências das famílias mais abastadas e mais influentes junto à Corte localizavam-se freqüentemente

(4) Já estivemos oportunidade, em capítulo anterior, de chamar atenção para esses aspectos da arquitetura do século XIX.

em chácaras, nos bairros mais afastados, dando continuidade a outro velho hábito dos tempos coloniais. Nos bairros de Botafogo e Flamengo, no Rio de Janeiro, ou Vitória em Salvador, era mesmo possível perceber, durante todo o século XIX, a convergência progressiva entre o modelo da casa urbana, sobre o alinhamento da rua, e a chácara, com cocheiras, estábulos e todos os recursos característicos das residências rurais. Em Recife, duas residências cujos projetos são atribuídos a Vauthier situam-se ainda em terrenos desse tipo.

É nesse processo que têm origem os primeiros jardins, onde se procurava, por todos os meios, reproduzir a paisagem dos países de clima temperado. Entregues em geral aos cuidados de jardineiros franceses, continham apenas árvores e flores européias. Exceção faziam apenas as palmeiras imperiais, sempre dispostas em alas, copiando as do Jardim Botânico do Rio de Janeiro, por intermédio das quais se criava um verdadeiro símbolo de identificação com a Corte e de participação na chamada nobreza do Império. Vale, a propósito, repetir as palavras de Gilberto Freyre em *Sobrados e Mocambos*: "Data da primeira metade do século XIX, uma como reação à influência oriental sobre a natureza, sobre os jardins, sobre a arborização das ruas do Brasil; e um como movimento no sentido de europeização ou reeuropeização". E acrescenta: "A segunda metade do século XIX marca em nossa vida, entre outras tendências dignas de estudo no sentido de procurarmos parecer o mais possível, nas cidades, europeus, o desprezo por árvores, plantas e frutas asiáticas e africanas aqui já aclimatadas, das quais muitos brasileiros mais requintados foram se envergonhando. Envergonhando-se da jaca, da manga, da fruta-pão, do dendê, do próprio coco da Índia, saboreados às escondidas..." [5].

A arquitetura das residências mais comuns dos centros maiores e das residências urbanas das províncias seguiu um caminho bem diverso. Por isso mesmo pode ser objeto de um novo capítulo.

(5) FREYRE, Gilberto. *Sobrados e Mocambos*. Rio, José Olympio, 1951. 2ª ed. vol. II, p. 783.

2   O neoclássico nas províncias

Os edifícios das províncias constituíam cópias imperfeitas da arquitetura dos centros maiores do litoral.

Os elementos neoclássicos limitavam-se, quase sempre, aos enfeites de gesso e aos papéis decorativos importados, aplicados sobre paredes de terra, socadas por escravos.

As soluções neoclássicas eram empregadas apenas superficialmente, para atender de modo mais eficiente às condições locais.

Durante a maior parte do século XIX, a arquitetura das residências mais comuns, nos centros mais importantes, como Rio de Janeiro, Salvador ou Recife e a arquitetura das residências urbanas das províncias em geral apresentavam características de grande simplicidade. Ainda que seus construtores e proprietários pretendessem estar realizando obras neoclássicas, a maioria dos exemplos, em quase todas as regiões do Brasil, pela superficialidade das vinculações com a temática e a linguagem do Neoclássico, só muito dificilmente poderia ser reconhecida como integrando as obras daquele movimento. Contudo, a amplitude dessa manifestação, seja pelo número, seja pelas repercussões em todas as províncias do Império, torna imperativo um exame mais atento de sua significação.

As residências urbanas das províncias constituíam cópias imperfeitas da arquitetura dos grandes centros do litoral. Reunidos junto à Corte, ou nos centros urbanos de maior influência regional, por seus interesses ou participação na administração pública, os grandes proprietários rurais levavam, ao regressar às suas terras, as sementes de uma experiência arquitetônica que procuravam reproduzir em suas moradias urbanas e rurais. A adoção desses padrões representava mesmo a participação no poder central, do qual emanavam como arquitetura oficial.

Todavia, no caso das residências mais comuns dos centros maiores, como nas províncias, as condições de técnica executiva, materiais, projeto e mão-de-obra apenas em raras oportunidades vinham possibilitar um atendimento fiel aos padrões da Academia. As construções, aproveitando a mão-de-obra escrava, eram rudimentares. Os elementos estruturais, sempre grosseiros, construídos de taipa de pilão, adobe ou pau-a-pique — portanto de terra — não permitiam o uso de colunatas, escadarias, frontões ou quaisquer tipos de soluções mais complexas. Nessas condições, as características neoclássicas ficavam restritas apenas a elementos de acabamento das fachadas, com importância secundária, como as platibandas, com seus vasos e suas figuras de louça ou as portas e janelas arrematadas com vergas de arco pleno, que vinham substituir os arcos de centro abatido, de estilo barroco. Em muitos casos,

124

Nas províncias arquitetura era simplificada

as vergas eram retilíneas, arrematadas por uma cimalha saliente ou por um pequeno frontão.

A solução mais comum, porém, era sempre em arco pleno. Era comum também conservar com vergas retilíneas as portas e janelas da fachada, tratando-se em arco pleno apenas a porta principal, de modo a destacá-la do conjunto. É o caso do edifício onde atualmente se instala o Ginásio de Jacareí, no Estado de São Paulo. Em outras residências, como a do Comendador Aguiar Valim — que hoje abriga um grupo escolar — em Bananal, a entrada compunha-se de três portas, com vergas em arco pleno, pretendendo sugerir, talvez, um corpo destacado na fachada. Nesses casos, além do tratamento diferenciado, para realçar o efeito pretendido, davam-se às portas maiores dimensões. Era também freqüente que as bandeiras destas, em lugar de vidros, tivessem grades de ferro forjado, com desenhos e a data da construção na parte central. Por facilitar o arejamento, era esta solução a mais utilizada para lojas e armazéns, mesmo nos exemplos mais modestos, das construções dos mestres portugueses. A persistência deste detalhe, ainda nas obras do início do século XX, é certamente um indício do seu acerto; exemplos significativos podem ser encontrados em todas as cidades mais antigas do Brasil, especialmente em áreas junto ao cais, em Santos e no Rio de Janeiro, em algumas obras de arquitetura comercial, influenciadas pelos modelos neoclássicos, eventualmente pelo edifício da Alfândega, construído na Guanabara por Grandjean de Montigny.

Internamente, a distribuição dos espaços correspondia ainda aos modelos da arquitetura colonial. Utilizando as mesmas formas de implantação, as mesmas técnicas construtivas e os mesmos mestres-de-obra e empregando ainda o trabalho escravo para a sua execução, como para o seu funcionamento, a arquitetura urbana deveria necessariamente lançar mão dos mesmos esquemas construtivos e de distribuição dos cômodos e das mesmas formas de uso do período colonial.

Nos sobrados, o térreo nunca era utilizado pelas famílias. Nos andares superiores, porém, as plantas repetiam a disposição das casas térreas. Um corredor, ao longo da parede lateral, levando da rua aos fundos, dava acesso à sala da frente, passava pelas alcovas na parte central e chegava à sala de refeições ou varanda, nos fundos, da qual, por sua vez, partiam a cozinha e cômodos de serviço. Nos exemplos mais ricos, o corredor assumia a posição central, servindo de eixo a uma planta simétrica, onde se repetiam, quase exatamente, de cada lado, as peças mencionadas.

Uma inovação importante era o aparecimento das casas térreas com porão. Definido como de fins exclusivamente residenciais, esse novo modelo vinha evidenciar uma diferenciação clara entre os edifícios destinados para domicílio e os locais de trabalho. Dentro do novo esquema, as casas, cujas fachadas continuavam a ser erigidas sobre o alinhamento das ruas, tinham o primeiro pavimento elevado em relação às vias públicas e, portanto, não podiam ser ocupados por lojas, mas apenas por residências, indicando nas vilas e cidades a moradia dos grandes proprietários rurais ou de pessoas que viviam de rendas, pelo contraste que faziam com as casas de comerciantes e oficinas mecânicas, que abriam suas portas para a rua.

A entrada era constituída por um patamar, de um ou dois metros de comprimento, sobre o qual se abriam as gigantescas folhas da porta principal. As soleiras, quase sempre de granito, formando degrau sobre a rua, eram seguidas, já no patamar, pelo clássico piso em xadrez de mármore preto e branco e, depois, por cinco ou seis degraus, comumente de madeira, mas, nos casos de mais luxo, de mármore também. A seguir, um novo patamar, para o qual se abriam as portas das salas de visitas ou salões. Nesse ponto, fechava-se o corredor com uma porta de madeira e vidros coloridos, com altura reduzida e acabamento leve, que permanecia trancada, como proteção à vida da família, enquanto a porta principal permanecia sempre aberta, como ainda hoje, como um símbolo de generosa acolhida e hospitalidade.

No interior, procurava-se imitar os costumes das residências mais refinadas do Rio de Janeiro. Nas salas, as janelas eram cobertas por cortinas de damasco, com franjas de bolas e, entre elas, alinhavam-se as cadeiras, dunquerques e consolos com tampos de mármore, sobre os quais se dispunham pares de jarras de porcelana, às vezes de estilo rococó, decoradas com motivos românticos, em cores e, acima destas, nas paredes, grandes espelhos. Ao centro, uma pequena mesa, coberta com toalha de veludo, servia de apoio a um vaso ou bandeja de prata. Num dos lados alinhavam-se as cadeiras — sempre doze ou vinte e quatro — dispostas de um modo formal e segundo uma organização hierárquica: nas pontas as menores e sem braços, voltadas discretamente para as mais imponentes, de braços e espaldar alto ou para os sofás, no centro, onde deveriam sentar-se as pessoas de maior autoridade. Nos cantos, comumente o piano, coberto por uma toalha de damasco, a marquesa, o sofá de palhinha, de três e mesmo quatro lugares, enfeitados com medalhões nos espaldares e, ao pé, as escarradeiras de louça colorida.

Na sala de jantar, a mesa central, sempre de grandes dimensões, era recoberta com a toalha de damasco quando não estava em uso, e tinha, ao centro, uma fruteira gigantesca, de louça, com a forma de bandejas superpostas, apoiadas em uma coluna central. Em torno, como nas saletas, sobre os consolos ou em mesas menores — de pé central e igualmente circulares ou ovais — ficavam outros vasos, o relógio de mesa e o *cache-pot* de louça.

As paredes, muito altas, com pés-direitos de cinco metros, eram divididas em painéis, por meio de réguas de madeira. As horizontais corriam em duas alturas: a primeira ao nível dos peitoris das janelas, servindo ao mesmo tempo de resguardo para os espaldares das cadeiras que o costume dispunha, muitas vêzes, enfileiradas ao longo das paredes; a outra corria bem acima, fixando o arremate de portas e janelas, que, por sua vez, faziam a marcação vertical. Em alguns casos os painéis, assim compostos, eram subdivididos em outros menores, mas em geral recebiam apenas os papéis decorativos e, sobre estes, os quadros, as pinturas e espelhos. No centro dessas paredes, eram freqüentes as telas com a assinatura dos melhores pintores do tempo, com retratos da família ou vistas de propriedades rurais. Essas composições decorativas, de gosto tão pesado, dispunham-se em torno de gigantescos lustres de cristal, por meio dos quais tentava-se multiplicar a precária iluminação das velas. Acima destes, os forros, de tábuas de madeira, eram às vezes

As casas urbanas lembravam residências coloniais.

decorados com maior apuro, principalmente nos pontos centrais, junto aos ganchos de suportar lustres. Os desenhos mais simples eram compostos com rosáceas de gomos de madeira e, nos cantos, leques, repetindo um motivo estilo Império, que estaria presente também no mobiliário e na ornamentação das fachadas.

Para os grandes proprietários rurais, as residências urbanas continuavam porém, como nos tempos coloniais, a ter um uso apenas temporário, durante as festas, feriados, domingos e nas épocas de entressafra. Durante os dias comuns, as povoações permaneciam quase desertas. Até o terceiro quartel do século XIX, os recursos e os interesses dos proprietários rurais estavam concentrados nas fazendas. As fazendas de café, sobretudo, atingiam com freqüência as proporções de verdadeiras aldeias. Os programas incluíam, além das residências dos proprietários, açudes, aquedutos, senzalas — para muitas dezenas e, às vezes, centenas de escravos — terreiros, depósitos, oficinas, engenhos de beneficiamento, pomares, jardins, capelas e, mais recentemente, até linhas particulares de bondes. Os conjuntos eram muitas vezes envolvidos por muro alto, formando quadros, verdadeiras fortalezas, cujas posições principais eram ocupadas pelas residências dos proprietários.

As casas rurais obedeciam, em parte, aos padrões da arquitetura residencial urbana mais modesta. O acabamento externo sofria do mesmo fachadismo, revelado na superficialidade dos detalhes, de sorte que os cuidados maiores eram para as partes de entrada, estando praticamente ausentes dos fundos, nas áreas de serviço. Raros eram, porém, os casos de um tratamento formal mais coerente. Os casos, como a Fazenda do Secretário, no Município de Vassouras, situavam-se em localidades próximas do Rio de Janeiro, que exercia, nessas áreas, uma influência cultural mais intensa.

Era nos interiores que essa arquitetura mais se aproximava dos padrões da Corte. A cultura do café, como fator de concentração de riqueza, contribuía para transformar as residências das grandes propriedades rurais em centros de intensa vida social. Através do contato freqüente entre vizinhos, era possível recriar então, no interior das fazendas, um esquema de vida urbana com reuniões e festas, jantares e música, onde a vida era considerada mais movimentada, mesmo em seu tempo, do que nos centros urbanos[1].

Os salões, as capelas e as saletas de entrada dessas residências tinham os mesmos requintes de mobiliário e a mesma decoração das residências da Corte, com formas de valorização do espaço interior, que no período colonial haviam sido reservadas apenas para as igrejas. Na maioria dos casos o apuro da execução poderia ser comparado com o dos sobrados mais ricos do Rio de Janeiro.

Cabe reproduzir a descrição que faz, em 1860, Augusto Zaluar, da residência da Fazenda Resgate, no município de Bananal, que se conserva, em parte, ainda hoje.

"A sala de visitas, toda de branco, com frisos e ornatos dourados, tem o teto de muito bom gosto, e nos painéis das portas delicadas pinturas representando os pássaros mais bonitos e conhecidos do Brasil, pousados nos ramos das árvores e arbustos de sua pre-

---

(1) Zaluar. A. F. *Peregrinação pela Província de São Paulo.* São Paulo, Martins, 1953, p. 45.

Nos interiores a vida intensa dos salões

dileção, de cujos troncos se vêem pender deliciosos e matizados frutos. A sala de jantar e a capela, que é um trabalho de muito apreço, não merecem menos elogio." Em algumas dessas residências, o cronista foi encantado pelos "sons harmoniosos de um piano Erard tocado por um hábil e distinto pianista, o Sr. Julié ou por outro distinto pianista, o Sr. Teodoro Reinik, músicos europeus, provavelmente professores particulares, com residência fixa naquelas fazendas, onde forneciam o fundo musical para as reuniões e completavam o tom de europeização[2].

As transformações arquitetônicas limitavam-se porém às superfícies. Os papéis decorativos importados

(2) *Idem*, pp. 43 e 50.

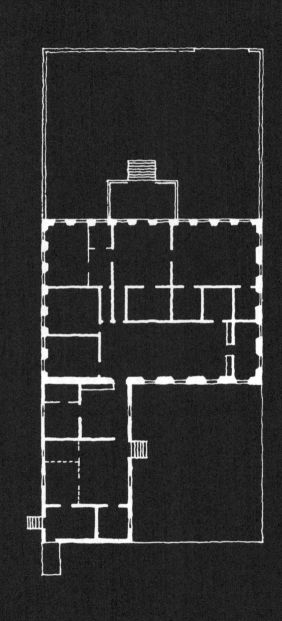

Elementos neoclássicos sobre paredes de terra

da Europa ou as pinturas eram aplicados sobre as paredes de terra, socada pelos escravos, com o objetivo de criar a ilusão de um espaço novo, semelhante aos interiores das habitações dos países europeus. Em certos exemplos o fingimento atingia o absurdo: pintavam-se motivos arquitetônicos greco-romanos — pilastras, arquitraves, colunatas, frisos etc. — com perfeição de perspectiva e sombreamento, sugerindo uma ambientação neoclássica jamais realizável com as técnicas e materiais disponíveis no local. Em outros, pintavam-se janelas nas paredes, com vistas sobre ambientes do Rio de Janeiro ou da Europa, sugerindo um exterior longínquo, certamente diverso do real, das senzalas, escravos e terreiros de serviço.

Apenas a posição dos cômodos apareciam renovada. Sem os alpendres tão freqüentes nas casas coloniais, eram dispostos agora em torno de um corredor, discriminando a presença desta ou daquela pessoa junto a este ou aquele local, limitando a visão dos estranhos apenas aos cômodos de uso social, devidamente decorados e afastando os escravos para os fundos, para longe dos visitantes. Nos salões de jantar, ou nos quartos principais, apareciam também gigantescos armários embutidos, indicação segura do elevado número de objetos que eram utilizados para o conforto, naquelas habitações.

Mais do que nas cidades, estava presente o horror pela paisagem tropical, que era expresso pela ausência dos alpendres e pelas janelas pintadas, nas paredes, com vistas mais "civilizadas". Por isso mesmo, os jardins, tão comuns, eram sempre como os da Capital, de plantas européias, com roseiras e craveiros protegidos do exterior por meio de muros elevados.

Assim, é possível afirmar que, ainda que os exemplos das construções mais simples dos centros maiores e das moradias urbanas e rurais das províncias fôssem muito numerosos, e ainda que fossem objeto de um esforço para a realização de uma arquitetura neoclássica, apenas sob alguns aspectos muito limitados chegaram a atender aos cânones da Academia. Na sua totalidade seus construtores serviam-se dos padrões neoclássicos apenas superficialmente, para atender de modo mais eficiente às necessidades de seus proprietários.

3

Interpretação do neoclássico

Com a Independência, os senhores de terras e de escravos assumiram as responsabilidades diretas da expansão européia nesta área.

A arquitetura da época firmou-se em duas versões: o neoclássico oficial, da Corte, quase todo feito de importações.

E a versão provinciana, simplificada, feita por escravos, exteriorizando nos detalhes as ligações dos proprietários com o poder central.

Cabe reconhecer que durante grande parte do século XIX as residências construídas nas várias regiões do Brasil, tanto no meio urbano, quanto no rural, aproximaram-se, em sua organização interna e em seus aspectos construtivos, inclusive nos detalhes, dos padrões coloniais. Nesse sentido, pode-se afirmar que a independência não implicou, de modo geral, em mudança na arquitetura. Pode-se contudo identificar transformações de importância, correspondentes, durante muito tempo, à difusão da arquitetura neoclássica e mais tarde do Ecletismo. Essa influência, originada sobretudo da Missão Francesa e da Academia Imperial de Belas-Artes, processou-se, como foi visto, em dois níveis principais. O primeiro, nos centros maiores do litoral, produzindo exemplos de grande perfeição formal e relativo apuro construtivo, mas dependente não apenas de uma influência cultural importada, mas também de mão-de-obra para construção, materiais, móveis, objetos de decoração, plantas para os jardins e empregados europeus para a sua operação. Constituiria, praticamente, uma importação para uso de grupos que pretendiam reproduzir no Brasil, com detalhes, o ambiente europeu. O outro nível, correspondente à arquitetura urbana mais modesta e às residências das grandes propriedades rurais, nas áreas com maior prosperidade financeira, compreendia modificações apenas de detalhes, através das quais nem sempre era possível reconhecer a influência neoclássica.

Assim, considerando à primeira vista que o neoclássico no Brasil ou era produto de quase total importação — e portanto extremamente raro — ou sem profundidade, poder-se-ia aceitar, facilmente, a tese, tão difundida, da dependência cultural total do Brasil em relação à Europa.

Contudo, a análise, mesmo superficial, da distribuição pelo território nacional, de edifícios que têm sido considerados como neoclássicos, demonstra que foram erigidas com essa intenção, durante o século XIX, obras em número elevado e em áreas tão diferentes quanto Belém do Pará, Rio de Janeiro, Salvador ou Porto Alegre. O movimento alcançou a mais ampla divulgação em quase todo o território brasileiro e seu êxito, ainda que muitas vezes devido a transformações superficiais, não pode ser entendido como obra do aca-

136

O neoclássico

arquitetura oficial

Uma

para a

so, de modismos ou de simples importações. Transformações de tal extensão, ainda que, em muitos casos, sem profundidade, devem encontrar explicações capazes de, a um só tempo, destacar as suas causas e justificar as diferenças entre os vários padrões adotados. Só poderiam ser entendidas como respostas a mudanças de ordem estrutural, na sociedade brasileira. Sua interpretação parece, contudo, constituir um dos problemas mais delicados da Arquitetura do Brasil. Trata-se, aparentemente, de uma transformação *sui generis,* pois conservando-se as bases econômico-sociais da vida brasileira, os mesmos proprietários rurais, senhores das mesmas terras e dos mesmos escravos, ocupados no fornecimento do mesmo tipo de produtos agrícolas para exportação, passam quase sùbitamente a consumir um novo tipo de arquitetura, em suas residências rurais e nos centros urbanos.

Por essa alteração podiam responder porém as transformações políticas operadas com a Independência, suficientemente amplas para conferir novas significações aos vários elementos da antiga estrutura social e conteúdo à nova arte. Com a instalação da Corte portuguesa no Rio de Janeiro e sobretudo após a Independência, os grandes proprietários rurais passaram a assumir as responsabilidades diretas da expansão européia nesta área tropical. Com a supressão de Portugal como intermediário, tornam-se um dos dois pontos de apoio da divisão internacional do trabalho, segundo a qual algumas áreas, como o Brasil, deveriam especializar-se na produção e exportação de matérias-primas, firmando-se ao mesmo tempo como importadoras de mercadorias manufaturadas dos países industrializados, como Inglaterra e França e, mais tarde, Alemanha e Estados Unidos.

Em outro trabalho[1] já tivemos oportunidade de acentuar a forma pela qual os grandes proprietários rurais, membros da camada social que Harris[2] definiu como dos "brancos-senhores", tenderiam a racionalizar a sua posição de dominação como decorrendo de uma representação, nos trópicos, da civilização européia. Como agentes do processo de colonização e iden-

(1) Reis, Nestor Goulart. *Evolução Urbana do Brasil (1500 a 1720).* São Paulo, Pioneira, 1968.
(2) Harris, Marvin. *Town and Country in Brasil* New York, Columbia University Press, 1954.

tificados com os interesses econômicos de tipo colonial, com redobrada razão veriam na Corte do Rio de Janeiro, durante o século XIX, o foco de onde se irradiava a civilização pelo Brasil.

A organização política de base parlamentarista, no Império, determinou os mecanismos através dos quais se processou a conciliação da diversidade de interesses regionais e dos localismos, com os interesses nacionais e, ao mesmo tempo, a vinculação cultural das províncias com a Corte. A participação no parlamento institucionalizava a forma de representação — ou participação — dos grandes proprietários no poder político nacional. Em maior escala e de modo permanente, a integração era alcançada através dos postos na oficialidade da Guarda Nacional; para um menor número, pela aquisição de títulos de nobreza. Estes, conferidos pelo Imperador, membro da família real portuguesa, consagravam publicamente os vínculos com as fontes do processo de colonização e da tradição senhorial.

Ao entrar em contato direto com o poder central, do qual eram representantes e pelo qual se faziam representar, os que seriam chamados "barões do Império" adquiriam consciência plena dessa identificação de interesses políticos e travavam conhecimento, ao mesmo tempo, com uma arte e uma arquitetura oficiais, que para eles adquiriam, de imediato, a mais larga significação política. Identificando-se com a Corte, imitando os seus costumes, adotando os seus padrões artísticos oficiais, os grandes proprietários rurais do século passado afirmavam-se como baluartes ou agentes da "civilização" nos trópicos. Ao regressarem a suas províncias, tenderiam portanto a reproduzir nas construções com as quais tivessem ligação — oficiais ou particulares — o tipo de arquitetura e as mesmas soluções artísticas da Corte, que permitiam exteriorizar, em suas áreas de influência, os vínculos entre o poder local — o que significava o seu poder — e o poder central.

Para um grupo muito restrito, a realização consistia em fixar residência na Europa, de preferência em Paris. Para a maioria, porém, tratava-se de absorver os costumes da Corte do Rio de Janeiro e seus padrões formais. O Neoclassicismo, caracterizado como arquitetura oficial, como o fôra para o Império de Napoleão, é reproduzido nas províncias, tanto nos centros urba-

141

nos, quanto nas residências rurais, ainda que em termos apenas decorativos.

Essa identificação com interesses europeus implica na rejeição das condições de existência da sociedade brasileira. Isso se expressa pela rejeição dos padrões que não venham legitimados pela marca do "europeísmo". Em relação ao meio natural, pela rejeição da paisagem tropical, das plantas brasileiras, ou das africanas e asiáticas aqui aclimatadas. No plano artístico, pela aceitação da impossibilidade de criação artística no Brasil, a não ser pela reprodução das experiências européias ou por contato permanente com as suas fontes.

É interessante observar que, mesmo consideradas todas as adaptações sofridas no Brasil pelo Neoclássicismo ou por outros movimentos artísticos, verifica-se uma tendência, justamente nas camadas consumidoras dessa arte, para afirmar a sua desnacionalização e o seu caráter exclusivo de importação, bem como a ausência nela de originalidade e de valor artístico próprio. Essa posição correspondente a uma tentativa de provar a perfeição desses copismos, e portanto o caráter europeu dessa arquitetura e de seus proprietários, mas significa ao mesmo tempo uma negação da vida local e, em última análise, da história local e de si mesma.

Pode-se concluir, portanto, que esses esquemas explicativos, expressos ao nível da consciência pelas camadas sociais dominantes, apresentavam-se como racionalizações, capazes de favorecer seus objetivos sociais de identificação com o sistema colonial, enquanto brancos-senhores e desse modo justificar o sistema de dominação existente, apesar do seu caráter colonial.

A esse propósito cabe repetir as palavras de Gilberto Freyre: "O que se verificava repita-se que era vasta tentativa de opressão das culturas não-européias, dos valores rurais pelos urbanos, das expansões religiosas e lúdicas da população servil mais repugnantes aos padrões europeus de vida e de comportamento da população senhoril, dona das câmaras municipais e orientadora dos juízes de paz e dos chefes de polícia".

Um outro aspecto deve ainda ser ressaltado: o do aburguesamento (adoção de padrões urbanos) de toda a arquitetura dessa época, especialmente da arquitetura residencial rural. Para explicá-lo, é necessário lembrar que os grandes proprietários rurais sempre reuniram.

as províncias mais próximas, o contato com o meio oficial

mesmo nos tempos coloniais, características de camada social urbana. Desempenhavam funções político-administrativas nas vilas e cidades, influíam na determinação da economia política, ocupavam postos na hierarquia militar local e influíam na aplicação do direito. Outras características poderiam ser enumeradas mas estas são suficientes para se perceber a simplicidade com que, após a Independência — e sobretudo no Segundo Império — passam a constituir o grupo político dominante no meio urbano brasileiro e por que passam a desenvolver um crescente absenteísmo em relação ao meio rural. Com as estradas de ferro o processo veio a acelerar-se: os grandes proprietários rurais tenderiam a transferir-se para os centros urbanos regionais, depois para o Rio de Janeiro e, finalmente, para a Europa. O fenômeno- ficaria, talvez, mais claro se lembrássemos que, com a possibilidade de explorar em termos mais nitidamente capitalistas — isto é, no caso, com lucros crescentes — suas propriedades, os grandes proprietários rurais deixavam de participar diretamente do processo de produção fazendo-se substituir por prepostos e passando a administrar as fazendas à distância, como um "negócio" e auferindo os rendimentos, freqüentemente de mais de uma propriedade — em alguns casos, de mais de uma dezena. Assumiam assim, ao viver de rendas, características de camadas sociais urbanas — ou reforçavam as que já traziam. No plano de arquitetura, explica-se desta forma a adoção generalizada de padrões urbanos de habitação nas residências rurais e toda a artificialidade de sua organização e a insistência da negação da paisagem local. O corredor, por exemplo, adotado nas plantas das habitações rurais é dispositivo tipicamente urbano e de sentido claramente discriminatório. Destina-se a garantir a discriminação social e rígida hierarquia dos espaços, fixando quem chega e vê até qual peca, seja pelo grau de parentesco, seja pela posição social ou intimidade. Sua introdução nas residências de grandes proprietários rurais do Brasil evidencia o seu "aburguesamento" e, associado a todos os outros elementos mencionados, de valorização e rebuscamento dos interiores e formalização dos exteriores — inclusive de paisagem — constitui prova segura do caráter daquela modificação.

Com uma arquitetura que estava na dependência de importação de materiais e mão-de-obra especializada ou que apenas disfarçava com aplicações superficiais a precariedade da mão-de-obra escrava, o neoclássico não chegou a corresponder a aperfeiçoamento maior da construção no Brasil, ainda que tenha provocado transformações de importância, no plano formal. As inovações de técnicas seriam introduzidas com o Ecletismo, durante a segunda metade do século XIX, constituindo portanto um outro assunto.

144

4 As condições da arquitetura na segunda metade do século

A segunda metade do século é marcada pelo fim do trabalho escravo e pelo início da imigração, da instalação de ferrovias e de indústrias.

Os agentes sociais dessas transformações, membros das camadas sociais urbanas em ascensão, atuariam sob a influência do positivismo e do ecletismo arquitetônico.

Essas camadas iriam construir e utilizar uma arquitetura mais atualizada e tecnicamente elaborada, sem o auxílio do trabalho escravo.

Na segunda metade do século XIX, a arquitetura brasileira passou por transformações que eram partes das modificações sócio-econômicas e tecnológicas ocorridas então na vida do País. Nessas condições, as novas formas de habitar e construir não devem ser consideradas apenas como conseqüências das mudanças vividas pelos vários grupos sociais, mas vistas como parcelas importantes dessa renovação.

A própria agricultura tradicional, voltada para a exportação, que havia constituído, juntamente com a mineração, a base econômica do período colonial, passou durante o século XIX por grandes transformações, ampliando consideravelmente as suas possibilidades de influência na economia nacional e, indiretamente, na arquitetura. Esse processo, iniciado com a transferência da Família Real Portuguesa, somente iria assumir suas características de maior importância durante a segunda metade do século. É exatamente em 1850, com a supressão do tráfico de escravos, que algumas das principais conseqüências começam a aflorar.

O vulto assumido pela cultura do café no centro-sul, em meados do século XIX, transferiu rapidamente para esssa região o centro de gravidade econômica e política do País, que se conservara até então localizado nas províncias do Nordeste, graças às lavouras mais antigas, do algodão, do fumo e especialmente da cana-de-açúcar[1]. As condições se mostravam favoráveis sob todos os aspectos para a produção cafeeira. Alcançando maiores rendimentos por hectare e contando com um mercado consumidor praticamente ilimitado, a nova cultura garantiu ao mesmo tempo a contínua expansão das áreas cultivadas — com o quadro tradicional de latifúndio e monocultura — e a maior densidade de riqueza e população até então atingidos no Brasil. São exatamente esses recursos e seu grau de concentração que irão possibilitar e favorecer as grandes transformações operadas nos outros setores de produção e da vida nacional, como a implantação de ferrovias e, a seguir, o surgimento de uma industrialização voltada para o mercado interno.

Com a ampla rede urbana assim constituída e a nova situação econômica, iniciam-se as condições para

(1) PRADO, Caio Jr. *História Econômica do Brasil.* S. Paulo, Ed. Brasiliense.

146

todos os edifícios

brecarregados de elementos ecorativos

a instalação de um grande sistema ferroviário, que passa a manter os territórios do interior em contato mais estreito com o mundo europeu. Novos tipos de mercadorias, como máquinas e materiais de construção mais pesados, cuja condução seria impossível com o transporte em lombo de burro, passariam a chegar, com toda facilidade e pela vigésima parte do preço, a essas regiões, como chegavam, a partir do princípio do século — ainda que em menores proporções — aos portos como Rio de Janeiro e Salvador. Localidades afastadas do exterior, como o eram São Paulo, Jundiaí e Campinas, viam-se subitamente em contato direto com a sociedade industrial européia, que passava a lhes fornecer novas técnicas e recursos construtivos, como materiais de todos os tipos, desde vigas e colunas de metal, até elementos de acabamento, mobiliário e decoração.

Ao mesmo tempo, as condições gerais da economia — fosse pela supressão do tráfico de escravos, fosse pelo estabelecimento de tarifas alfandegárias capazes de favorecer a produção local — permitiam o aparecimento das primeiras manifestações de importância, de atividades empresariais brasileiras. Surgiam os primeiros bancos, indústrias e ferrovias. Surgiam os primeiros empresários brasileiros, como Mauá ou como Teófilo Ottoni, que pretendia criar uma estrutura rural de pequenos proprietários no Brasil. Dedicados principalmente à prestação de serviços, essas empresas foram, porém, suficientes para iniciar o prestígio da técnica e do trabalho remunerado, valores característicos de uma sociedade industrial, em substituição aos da sociedade escravocrata, então correntes.

Nas regiões com maior concentração de população e poder aquisitivo, em que se mostravam mais promissoras as condições do mercado interno e junto aos centros de transporte, como São Paulo, Juiz de Fora e Rio de Janeiro, surgiam as primeiras indústrias, quase sempre de tecidos e de produtos alimentares. Criava-se, em decorrência, uma camada de trabalhadores urbanos.

Sucediam-se também transformações de importância no quadro da mão-de-obra, com nítidas repercussões sobre os padrões da arquitetura. A pressão crescente contra o sistema de trabalho escravo, tanto do exterior quanto de alguns grupos brasileiros, conduziria à supressão do tráfico em 1850 e através de passos já conhecidos, atingiria, em 1888, a abolição final do sistema. Organizou-se ao mesmo tempo a imigração européia, com o objetivo principal de abastecer de mão-de-obra as novas lavouras de café, em especial no Estado de São Paulo, mas que, estendendo-se a outros setores, contribuiu de forma decisiva para a melhoria das condições de produção no Brasil, sobretudo na construção.

Uma outra fonte de transformação de nível de mão-de-obra deve ser mencionada. A mentalidade empresarial nascente, associada a determinados grupos políticos, iria manifestar-se também através de campanhas pela educação popular e preparação de quadros nacionais de oficiais mecânicos. A história do Liceu de Artes e Ofícios de São Paulo constitui exemplo esclarecedor. Fundado em 1873, como "Sociedade Propagadora da Instrução Popular", sua primeira diretoria era constituída pelo que Ricardo Severo denominaria "nomes que representam, a par dos que subscrevem a ata deste memorável acontecimento, o escol da sociedade paulista daquela época, de constitucional liberalismo, conduzida pela nova corrente do positivismo filosófico para a obra renovadora de cultura e civilização"[2]. A iniciativa não era isolada; é ainda o mesmo historiador quem nos informa que "a sua atividade foi acompanhando o movimento favorável à educação popular de fim profissional, que se manifesta contemporaneamente em institutos de caráter oficial, como a Escola de Educandos Artífices, outros de iniciativa particular, como o denominado Dona Ana Rosa". Em 1882, após nove anos de funcionamento, a instituição decide ampliar seus objetivos, transformando a Escola em Liceu profissional, com o título atual. Nos anos ulteriores, o Liceu viria a contar, nos seus quadros docentes e de direção, com nomes dos mais prestigiosos entre os construtores de São Paulo, como Ramos de Azevedo, Domiciano Rossi, Pujol, Dias de Castro e, mais tarde, Ricardo Severo e Arnaldo Villares, sucessores de Ramos de Azevedo em sua empresa de engenharia e arquitetura. Utilizando principalmente a experiência de mestres europeus, o Liceu permitiu a formação de mão-de-obra local, que veio auxiliar os construtores, tornando-os aos poucos

(2) SEVERO, Ricardo. *O Livro do Liceu de Artes e Ofícios.* S. Paulo, 1934.

menos dependentes do mercado externo. Além de escola, foi ainda durante muito tempo a grande oficina, da qual se socorreram para a produção de peças de maior responsabilidade.

Os agentes sociais desse processo de transformação da vida brasileira, membros de camadas urbanas em ascensão, iriam participar com destaque das atividades intelectuais e artísticas da época, influindo de forma decisiva em seu caráter. A significação desses aspectos é captada com minúcias por João Cruz Costa, em sua *História das Idéias no Brasil*. "São os filhos de modesta burguesia comercial e burocrática, de importância relativamente secundária", diz Cruz Costa, "que vão aparecer, graças ao desenvolvimento também modesto do capitalismo no Brasil, no cenário político e intelectual da segunda metade do século XIX. Nas novas gerações que ingressaram nas Faculdades de Direito do País, infiltrar-se-iam esses novos burgueses. Nas escolas técnicas, a Central e a Militar, também procurarão eles, em virtude de não possuírem recursos necessários para enfrentar estudos longos e caros, a satisfação para as suas tendências intelectuais."

Em torno das escolas formam-se grupos entusiastas do desenvolvimento industrial e científico europeu. Influenciados pelo evolucionismo, por Darwin, Spencer, e pelas idéias positivistas, empenham-se na transformação da ordem social brasileira, de modo a substituir o trabalho escravo pelo trabalho remunerado, a ordem monárquica — de sentido tradicionalista — por uma ordem republicana e democrática. Trata-se, no caso, da "geração que se formou sob o influxo de Benjamin Constant, com idéias nitidamente democráticas e concorreu para a queda do regime monárquico e implantou a república inspirada nos princípios de Auguste Comte".

"Deste modo, na segunda metade do século XIX, ao mesmo tempo que se acentuava o antagonismo econômico entre os tradicionais burgueses, proprietários da terra — que governavam o País como se governassem suas fazendas — e os representantes de novos interesses, acentuava-se também a simpatia pelas idéias novas que as transformações havidas desde os princípios do século haviam posto em circulação. A partir de 1870. esta nova burguesia assume papel de importância sobretudo no setor industrial. É dessa burguesia, forma-

150

As novas condições permitiam um controle eficiente dos recursos de construção

da por militares, médicos e engenheiros — mais próximos das ciências positivas, graças à índole de suas profissões — que irá surgir o movimento positivista no Brasil."

Será essa camada que irá, ao mesmo tempo, construir e utilizar uma arquitetura mais atualizada e tecnicamente elaborada, em sintonia com os padrões europeus daquela época, arquitetura tipicamente urbana, produzida e utilizada sem escravos, não como exceção palaciana, mas como resposta universal para as necessidades de todos os tipos e, teoricamente, de todas as regiões nacionais.

Para atender às novas solicitações, o número de edifícios cresceu ininterruptamente, durante toda a segunda metade do século XIX, e continuou a crescer durante o século XX. Para adaptar-se a nova escala, os centros urbanos mais populosos lançavam mão dos recursos de técnica disponíveis. Instalaram-se redes de abastecimento de água, de iluminação e esgoto e surgiram as primeiras linhas de transportes coletivos.

Novos bairros agrupavam-se junto aos anteriores e algumas vias públicas eram abertas com dimensões um pouco maiores. As ruas passavam a contar com arborização, iluminação e passeios para pedestres, as cidades com alguns jardins, mas os traçados urbanísticos conservavam o mesmo caráter elementar, tanto para o esquema viário, como para o parcelamento do solo. Notava-se, entretanto, o aparecimento dos bairros de caráter mais acentuadamente residencial, em torno dos velhos núcleos. Esse fenômeno, apenas esboçado em meados do século, assume nitidez por volta de 1870.

Utilizando-se das estradas de ferro, e, em menor escala, das linhas de navegação, os grandes proprietários rurais das regiões de maior prosperidade — e mesmo das regiões em decadência — transferiam suas residências permanentes para os centros urbanos de maior importância regional, como Rio de Janeiro, São Paulo, Campinas ou Porto Alegre, onde passavam a maior parte do ano. Em decorrência, as casas rurais perderam progressivamente sua importância e no fim do século já eram comuns as fazendas em que as residências apresentavam todas as características de uma arquitetura urbana, tanto em sentido plástico, como funcional.

152

Os mais abastados vinham habitar em chácaras, na periferia dos grandes centros. É o caso da antiga residência do Conselheiro Antônio Prado, nos Campos Elísios, conhecida como "chácara do Carvalho", onde atualmente funciona um estabelecimento de ensino. Na mesma categoria devem ser incluídas outras moradias daquela família, como a casa da Avenida Higienópolis — atual sede de um clube elegante — e a chácara do Paraíso, em cujos remanescentes está instalado o Hospital Oswaldo Cruz.

A maioria dos recém-vindos, porém, acomodava-se nos bairros novos, que foram sendo abertos para recebê-los e que contribuíam, decididamente, para o desaparecimento das chácaras mais antigas. Em São Paulo, formaram-se bairros como Campos Elísios, Santa Cecília e Vila Buarque. No Rio de Janeiro completaram-se os bairros do Flamengo, Botafogo e Laranjeiras; em Pôrto Alegre, Independência; em Salvador, Vitória e Campo Grande e, no Recife, os bairros do continente. Os lotes, às vezes, eram ainda amplos, como pequenas chácaras; em geral reservava-se espaço para um jardim do lado, mas as soluções eram variadas e os bairros desse tempo, mesmo quando destinados às camadas mais abastadas, tinham sempre uma aparência heterogênea.

Por razões diversas, cresceram também os bairros populares. Com a industrialização crescente, a camada dos trabalhadores urbanos marcava, pela primeira vez, a paisagem daquelas aglomerações. Ao mesmo tempo, tendiam a transferir-se para os centros urbanos os componentes daquela parcela da população brasileira, desvinculada da produção agrária tradicional — portanto desvinculada da relação senhor-escravo — até então sem uma situação econômica definida. Essa camada, numericamente significativa — pois chegaria a atingir, segundo Caio Prado Júnior, a terça parte da população, em fins do Império — procuraria novas oportunidades nas indústrias, no comércio e no funcionalismo público, contribuindo para o processo de congestionamento das cidades, que então se iniciava.

A acomodação dos habitantes mais pobres constituía um problema. O êxodo rural intensifica-se após a abolição da escravidão, em conseqüência do abandono dos antigos locais de trabalho pelos negros e, indiretamente, pela decadência das lavouras tradicionais. Os problemas habitacionais decorrentes dessa pressão populacional, que não correspondia a um aumento proporcional de oportunidades de empregos urbanos, iriam provocar o aparecimento de favelas, nos morros e alagados e a multiplicação dos cortiços, modificando-se, por completo, o panorama dos principais centros urbanos do país.

As transformações na paisagem urbana e nas formas de construir e habitar seriam influenciadas ainda pela corrente de imigração européia, iniciada após a supressão do tráfico de escravos. Contribuindo para a criação de quadros numerosos de oficiais mecânicos e para o surgimento da indústria nacional, os imigrantes marcavam, como construtores e habitantes, a arquitetura das cidades, de cuja população vinham participar.

Ao mesmo tempo, as habitações destinadas às camadas mais abastadas beneficiavam-se de recursos especiais, que vinham acentuar suas diferenciações, em relação às habitações das camadas menos favorecidas, com as quais passariam a contrastar mais por suas qualidades, do que por suas dimensões, como no passado. Essa preocupação pelo conforto, associada ao europeísmo, freqüente nas famílias brasileiras, de mais projeção, foi caricaturada por Eça de Queiroz, em *A Cidade e as Serras,* tomando como personagem a figura de um intelectual brasileiro, dos mais refinados de seu tempo.

A arquitetura da segunda metade do século XIX correspondeu, em geral, a um aperfeiçoamento técnico dos edifícios e a um esforço para a incorporação dos benefícios mais recentes da sociedade industrial. No plano formal o Ecletismo foi a solução utilizada para o atendimento desses objetivos arquitetônicos.

154

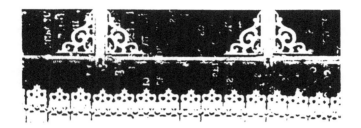

5 A evolução das técnicas construtivas

As construções dependiam largamente de materiais importados, tanto para elementos estruturais como para os de acabamento.

Apesar dessa dependência, os arquitetos e engenheiros conseguiam dominar com eficiência as principais técnicas de construção.

Esses profissionais orgulhavam-se de imitar com perfeição, até nos detalhes, os estilos de todas as épocas, que fossem valorizados pela cultura européia.

As mudanças sócio-econômicas e tecnológicas ocorridas durante a segunda metade do século XIX implicaram, no Brasil, em profundas transformações nos modos de habitar e construir. As novas condições de transporte, criadas com a instalação das ferrovias e linhas de navegação fluvial, vieram permitir o aparecimento de um fenômeno completamente novo na arquitetura: os edifícios importados, produzidos pela indústria. Fabricados nos países europeus, vinham desmontados, em partes, nos porões dos navios. A importação era completa, pois compreendiam de estruturas e vedações até coberturas, escadas e peças de acabamento, que eram aqui montadas, conforme as instruções e desenhos que as acompanhavam. Alguns eram de metal, como a estação ferroviária de Bananal e a loja chamada, muito a propósito, de Torre Eiffel, até há pouco existente no centro do Rio de Janeiro. A grande maioria dos edifícios importados era porém de madeira, comumente pinho de Riga. Nessa categoria devem ser incluídas inúmeras pequenas residências, com ares de chalé suíço, como ainda hoje existem algumas em cidades como Santos e Guarujá. Em alguns casos, menos comuns, esses recursos eram utilizados para construções maiores, como a estação de Paranapiacaba, no alto da Serra do Mar, escala importante da antiga São Paulo-Railway, atual Estrada de Ferro Santos a Jundiaí. As peças, numeradas, facilitavam a montagem, tornando-a mais rápida e dispensavam em parte a mão-de-obra especializada no local. As obras eram dirigidas pelos engenheiros europeus e as plantas, que hoje se conservam nos arquivos da empresa, cotadas em pés e polegadas, são escritas em inglês.

As ferrovias traziam, portanto, sobre os seus trilhos, novos recursos de construção, mas sobretudo uma nova maneira de construir. De fato, os edifícios das estações de estrada de ferro, fossem importados ou construídos no local, correspondiam sempre a novos modelos e apresentavam um acabamento mais perfeito, que dependia do emprego de oficiais mecânicos com preparo sistemático. Novas soluções arquitetônicas e construtivas eram assim difundidas pelo interior, influindo sob vários aspectos na arquitetura. Como uma conseqüência dessas transformações deve ser reconhecido o

156

técnica era importada

mos materiais

chalé. Com esse modelo, pretendia-se adotar as características das residências rurais, construídas em madeira, de algumas regiões européias, especialmente a Suíça, o que é, indiscutivelmente, uma solução de sentido romântico.

Isoladas, em geral, no centro dos terrenos, essas casas tinham seus telhados, de duas águas, dispostos no sentido oposto ao da tradição luso-brasileira: as empenas voltadas para os lados menores — a frente e os fundos — e as águas para os lados maiores, isto é, as laterais. Essa disposição já pressupunha um afastamento do prédio em relação aos limites, pois os beirais, traço importante desse "estilo", avançavam sobre as paredes cerca de 50 centímetros, impedindo, assim, o contato entre as paredes exteriores de vizinhos, como ocorria nas residências coloniais. As águas, com grande inclinação, — como nos telhados dos países onde neva — eram rígidas e retilíneas, sem a suave curvatura dos telhados tradicionais.

O uso da madeira era tão freqüente quanto possível. Além dos pisos e forros, das portas e janelas, surgia também no arremate dos telhados, com peças de acabamento decorativo, serradas ou torneadas. Os novos recursos disponíveis, em máquinas e ferramentas, na Europa e mesmo no Brasil, tornaram quase obrigatórias algumas soluções rebuscadas, como afirmação e mesmo ostentação daquelas possibilidades.

Alguns telhados e alpendres eram assim enfeitados com verdadeiras guirlandas, chamadas lambrequins, feitas de peças de madeira recortada. O ponto mais visado era a empena voltada para a rua, onde se compunha, geralmente, uma espécie de frontão, ao qual se associava um óculo central. A composição, apoiada nos arremates dos beirais, formava um triângulo em cada extremidade, — ocultando as calhas — e um outro no vértice, junto à cumeeira, arrematada em geral por um mastro torneado.

Na maioria dos casos evitava-se empregar a madeira nas paredes, devido aos preconceitos e conseqüente resistência da população. Utilizavam-se porém, normalmente, paredes estruturais de tijolos aparentes. A solução, associada ao esquema de chalé, era sem pre-

158

cedentes no Brasil. Ainda que fossem comuns os exemplos de emprego desse material mesmo no primeiro século de colonização, seu uso sem revestimento apareceu somente no século XIX, por influência dos ingleses, começando, quase certamente, nas estações ferroviárias.

Por chalé passou-se portanto a entender, no Brasil, um esquema de residência com acabamento romântico, sugerindo habitação rural montanhesa da Europa mas com variações que incluíam um uso mais freqüente de madeira, paredes de tijolos aparentes, equipamentos de ferro fundido, como colunas, grades e alpendres e até mesmo revestimento com elementos decorativos de inspiração greco-romana.

De modo geral, é necessário reconhecer, a arquitetura de fins do século XIX já alcançava um nível elevado de realizações técnicas, dentro dos padrões acadêmicos. Os arquitetos e engenheiros dessa época orgulhavam-se de imitar com perfeição, até nos detalhes, os estilos de todas as épocas. Mesmo dependendo largamente de materiais importados, dominavam com eficiência as técnicas de construção e eram capazes de atender às exigências mais complexas de estruturas e acabamento, que lhes eram impostas por uma arquitetura então em rápida evolução.

As paredes eram normalmente construídas de alvenaria de tijolo e cal. Essa modificação, tão simples, implicava em um significativo aumento de precisão: os erros de medida, que com o emprego das técnicas tradicionais podiam ser avaliados quase sempre em decímetros, reduziam-se agora a centímetros. As paredes, com largura uniforme, permitiam a produção mecanizada de portas e janelas.

Nos exemplos mais antigos, o dimensionamento e os detalhes guardavam ainda um compromisso formal com as técnicas tradicionais. As paredes eram construídas com cerca de 60 centímetros, que se reduziam a menos da metade nas paredes internas e sob o peitoril das janelas. Em altura, alcançavam pelo menos 5 metros e, nos sobrados, cerca de dez.

Essas transformações — no caso do tijolo — estiveram presentes mesmo na arquitetura rural das zonas cafeeiras mais novas de São Paulo. Em Pirassununga, a

159

Fazenda da Barra — onde atualmente funciona a Escola de Aeronáutica, — tinha a residência com algumas características de chalé; o terreiro, o aqueduto e as oficinas, de tijolos, mostravam uma assimilação de técnicas mais eficientes, mesmo nas áreas onde se verificava ainda uma transição entre o trabalho escravo e o assalariado.

Quando não eram de tijolos aparentes, as paredes eram revestidas com massa, segundo motivos de caráter decorativo. Em alguns casos, os exteriores podiam apresentar algumas partes revestidas de azulejos, segundo o costume português. Nos interiores, os revestimentos de massa eram quase sempre recobertos por papéis colados. Nas salas de almoço, cozinhas e banheiros, começaram a surgir os revestimentos de azulejos, em geral com barras decorativas, em cores. Com o aparecimento das serrarias mecânicas, os pisos passaram a ser construídos com tábuas com junções em "macho e fêmea", mais perfeitas que os velhos tabuados, que vinham substituir, produtos de serra manual e sem junções. Data dessa época a generalização do costume de envernizar ou encerar o soalho, em lugar de lavá-lo. Um tipo de piso mais fino era o *parquet,* com desenhos de madeira em várias cores. Nas cozinhas e banheiros eram empregados ladrilhos hidráulicos, apoiados sobre abobadilhas. Com caráter de refinamento, nos saguões ou nos jardins de inverno, onde não seria muito adequado um piso de madeira, utilizavam-se também mosaicos coloridos, formando desenhos ornamentais.

Transformações semelhantes ocorriam com os sistemas de cobertura. As estruturas, utilizando madeira aparelhada, eram armadas em "tesoura" e sobre as ripas eram assentadas não mais as velhas telhas de capa e canal — produzidas com evidente irregularidade e portanto de fixação precária — mas as telhas de barro ou as lâminas de ardósia, importadas de Marselha. O uso das telhas européias, especialmente as de ardósia, implicava no aumento de inclinação das coberturas e contribuía, na maioria dos casos, para evidenciar o abandono das soluções plásticas tradicionais. Com seu perfil rígido e com inclinações exageradas, normais apenas nos países onde neva, esses telhados conferiam às habitações uma aparência nórdica, o que significava, na época, quase magicamente, mecanização e "civilização".

160

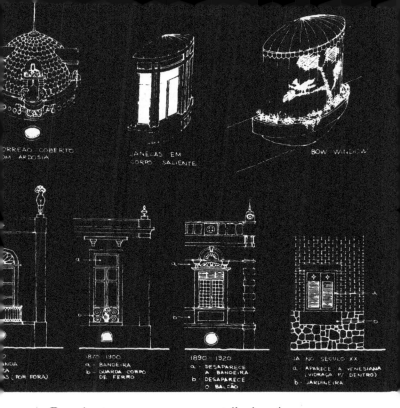

Em alguns casos, como nos telhados de mansardas, o emprego da ardósia exigia como arremate, na parte superior, onde a inclinação é quase nula, uma cobertura de metal. De metal eram também as coberturas das cúpulas sobre os torreões, freqüentes na arquitetura da passagem do século e de algumas estruturas de maiores proporções. Destas devem ser lembrados alguns exemplos, na Avenida Rio Branco, no Rio de Janeiro, cuja aparência recorda, necessariamente, a arquitetura francesa do II Império e as estruturas mais ousadas das exposições de Paris, daquelas décadas. Em escala menor, mas com os mesmos rebuscamentos formais, as mesmas conformações bulbosas de gosto barroco seriam repetidas nas residências mais ricas de São Paulo e Rio.

Esse aperfeiçoamento estrutural e de detalhes, dos sistemas de cobertura, era uma decorrência dos novos recursos disponíveis, fossem os equipamentos importados, fosse a mão-de-obra capaz de utilizá-los. O desenvolvimento da indústria européia permitia o fornecimento, em condições vantajosas, de folhas-de-flandres e cobre, para a montagem de rufos, calhas, condutores e peças de arremate, em geral. Eram comuns os condutores de ferro fundido e as braçadeiras de calhas, com desenhos decorativos. Nos casos em que se adotavam as características de chalé, o emprego de lambrequins de madeira permitia ocultar a posição das calhas, nos beirais.

Na maioria dos casos, o arremate das coberturas se fazia com platibandas, ocultando-se os telhados. Essa tendência talvez se devesse à falta de clareza dos desenhos desses, excessivamente complicados, nas residências menores, pelo aparecimento de passagens e áreas de iluminação. Os beirais não eram incomuns. Seu arremate, pela parte inferior, quase sempre se fazia com gesso ou tabuado, formando desenhos decorativos; sobre esse forramento sobressaíam falsas "mãos francesas", de madeira, também trabalhadas, com sentido de ornamentação.

O enquadramento e a vedação dos vãos de portas e janelas aproveitavam de diversos aperfeiçoamentos tecnológicos, sofrendo ao mesmo tempo mudanças constantes, com o fim de responder às novas condições de uso das habitações. Podendo contar com peças de madeira aparelhada, vidros e ferragens de melhor qualidade, importados a preços relativamente reduzidos, os construtores passaram a utilizar um detalhamento mais minucioso e tecnicamente mais elaborado. Nas fachadas desapareceram os balcões; as salas abriam-se por meio de janelas, com peitoris de alvenaria, mais estreitos que as paredes, com cerca de vinte centímetros de largura. Nos exemplos de maior refinamento, a parte interior era revestida de lambris de madeira, cujos desenhos combinavam com os das guarnições e folhas de janela. A presença dos peitoris era marcada no revestimento das fachadas por elementos decorativos de massa, às vezes mesmo por falsas balaustradas. Em alguns casos, conservava-se, entalado entre as ombreiras, um pequeno parapeito de metal. Na parte superior, as bandeiras foram aos poucos sendo substituídas por espaletas, cujas composições combinavam, no exterior, com as dos peitoris. Já no fim do século, era possível observar que o ornamento superior tendia a desaparecer, e o inferior a ser substituído, em muitos casos, por grandes jardineiras de gerânios.

Em alguns casos, os vidros eram decorados com desenhos de motivos florais. As vidraças eram ainda externas e, quando as folhas de vedação eram abertas, percebiam-se então, por dentro, as cortinas de rendas, com desenhos semelhantes ou motivos de caçadas. Em outros casos, as vidraças eram subdivididas em peças quadradas ou retangulares, com menos de um palmo de largura, que recebiam vidros coloridos, com o objetivo de impedir a vista para os interiores e formavam composições estritamente geométricas, que lembravam um pouco as ulteriores criações do neoplasticismo.

As primeiras venezianas surgiram nos dormitórios. Eram compostas com réguas largas e substituíam as vidraças, como vedação externa. Em alguns casos deixavam aberta, na parte superior, uma bandeira de vidro; na maioria dos casos, porém, cobriam o vão inteiramente, preparando dessa forma o desaparecimento das bandeiras.

Surgem nessa época, também, as janelas com montagens metálicas, geralmente com a forma de vitrais. Eram empregadas como proteção, nos alpendres e jardins de inverno. Os vidros, coloridos, conferiam ao espaço interior um encanto especial, assegurando, ao mesmo tempo, grande luminosidade. Nos exemplos mais singelos, a proteção se mantinha a meia altura, ou apenas como um faixa, junto ao telhado ou pingadeira, ou limitava-se a vedar, de cima a baixo, um recanto de alpendre, mas, nos mais ambiciosos, vedava a abertura por completo, e o desenho de conjunto formava, em outros casos, uma cena ou paisagem pitoresca.

As portas eram geralmente de duas folhas, com três almofadas cada uma. Nas externas, as almofadas do centro foram sendo substituídas por pequenas janelas de vidro, protegidas com grades de ferro forjado. Os batentes, nas portas de entrada, eram muitas vezes assentados sobre supedâneos de pedra, como proteção contra a infiltração e o desgaste da soda com que eram lavados normalmente os pisos.

Nos forros de madeira usavam-se agora tábuas mais estreitas, que formavam painéis com o quadriculado das vigas de sustentação e, fossem pintados ou envernizados, recebiam, quase sempre, aplicações decorativas de madeira recortada. Nas salas e dependências de maior valorização social, eram mais empregados os forros de estuque, com pinturas e ornamentos em relevo.

O uso dos equipamentos destinados aos serviços domésticos parece ter sido uma transformação de importância. A implantação de redes de água e esgoto nas cidades permitia a instalação de serviços domiciliares, que conduziam a formas mais evoluídas de funcionamento das habitações, libertando-as de uma dependência mais estreita da mão-de-obra escrava. Data dessa época a inclusão dos banheiros, como peças definidas nos programas. Dos banhos de bacia, das jarras de quarto, dos urinóis de alcova, serviços que se sobrepunham aos dormitórios mas sujeitos às dificuldades do transporte manual, chegava-se a uma definição funcional e técnica. Eram empregadas as primeiras peças importadas de louça e ferro esmaltado: banheiras gigantescas, com pés de leão, banheiras menores, de crianças, chuveiros de balancim, pias muito enfeitadas, bidês e vasos sanitários, também de louça colorida e ruidosas caixas de descarga.

Com a introdução da iluminação a gás, cresce subitamente a importância das luminárias. Os esforços de detalhamento encaminhavam-se no sentido de integração das peças nos projetos arquitetônicos, já que as instalações dependiam do sistema de abastecimento, feito por meio de tubulações. Surgiam modelos novos, mais adequados aos recursos disponíveis. Distribuíam-se arandelas pelas paredes; nos pontos de mais destaque, instalavam-se estatuetas com funções de abajur e, em todas as partes, globos, mangas de cristal ou vidros coloridos tornaram-se um traço constante na arquitetura de interiores.

Os elementos de ferro forjado ou fundido produzidos pela indústria européia estão sempre presentes na arquitetura, durante o século XIX. Destinando-se a todos os setores da construção, compreendiam desde peças estruturais, como vigas e colunas, até recursos secundários de acabamento, como ornamentos de jardim, chafarizes e gradis, para não mencionar as escadas, as ferragens de janelas e portas, os canos, as peças de banheiro e os fogões.

164

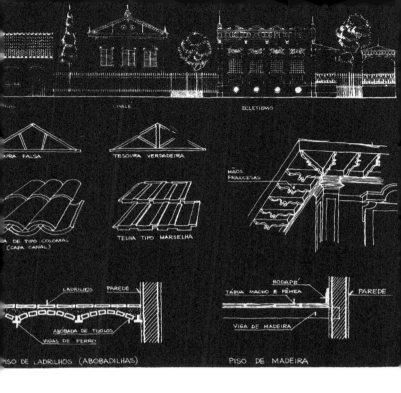

Nas residências os elementos estruturais, em geral expostos nas lojas e armazéns, raramente eram utilizados. Nos casos de vãos maiores, quando eram empregadas vigas metálicas, essas eram cobertas pela alvenaria. Como na arquitetura européia da mesma época, o ferro era considerado como material de construção sem nobreza, não podendo ficar exposto. Normalmente também as colunas eram revestidas, a não ser nos alpendres, onde formavam conjunto com gradis e escadas de ferro, conferindo uma feição peculiar às moradias dessa época.

De fato, os conjuntos metálicos de maior importância, nas moradias, eram certamente os alpendres. A importância funcional, plástica e construtiva que assumiram, pode ser comprovada por sua variedade e freqüência. Presentes em quase todas as residências, havia alguns salientes, com telhado próprio e como que justapostos à construção de alvenaria; havia outros incluídos no corpo da casa, abrigados sob o telhado comum;

havia largos, estreitos, retilíneos, curvos, recortados, longos ou de pequeno comprimento; havia os superpostos, que serviam a dois andares, havia os descobertos, que eram terraços; havia os cobertos de vidro, os com cobertura de telhas e forrados de madeira; havia os bem abertos, os protegidos com ramos de roseira ou trepadeira, os envidraçados com vidros de cores, ou sem cores.

Desenvolvia-se nos alpendres uma boa parte da vida das residências no Brasil. Nas áreas de clima quente, eram os locais mais ventilados, de temperatura mais amena. Para eles abriam sempre as salas de viver e de jantar, que se prolongavam, desse modo, para o exterior. Eram locais de conversa, de reuniões de família, das horas de lazer, dos vasos de estimação, das gaiolas de canários e das cadeiras de balanço, onde as senhoras mais idosas bordavam ou faziam seu crochê. Quase todos tinham sua escada. As menores, servindo mais para terraços, com quatro ou cinco degraus, tinham grades simples e corrimão de peças tubulares. Outras eram de alvenaria, com degraus de granito ou mármore, mas com grades complicadas, combinando com o guarda-corpo do alpendre. As maiores eram de metal e curvas, ondulantes, às vezes com dois corpos. As grades de guarda-corpo eram formadas, às vezes, com balaústres de ferro fundido, com duas dimensões e sem profundidade, como as peças de madeira recortada, nas balaustradas dos alpendres das casas de fazenda coloniais.

Mesmo as casas menores, com entradas mais modestas, sem jardins, tinham como um arremedo sua pequena escada, protegida com uma cobertura de vidro, em armação de ferro, às vezes até uma coluna. Em alguns lugares, as portas de entrada eram simplesmente protegidas por coberturas com a forma de conchas, engastadas na parede.

Quase tão importantes como os alpendres, eram os portões e as grades, junto à rua. Era aí que se mostrava, de longe, a posição social do proprietário. Havia portões monumentais, como os do Catete ou do Parque Guinle, no Rio de Janeiro, e também os mais simples, comprados até pelo catálogo. As peças traziam, em relevo, indicação do fabricante e, algumas, da casa impor-

166

as ferrovias
alteravam os modos de construir

tadora. Na categoria mais comum eram encontrados os balaústres, os portões, os peitoris — inteiriços e de meia altura — as grades de gateira e os gradis. O comprador ia à loja de ferragens e escolhia modelo e dimensões, de acordo com suas posses e finalidades. As peças mais simples eram sempre quase iguais, mas, para as residências mais caras, era possível escolher modelos especiais.

Nos jardins, cuja aparência pretendia ser européia, não eram raros, também, os elementos de ferro. Chafarizes havia e complicados, como o do Catete, ou os de tipo menor e mais comum. Havia bancos de ferro, quiosques e estufas, para as senhoras brasileiras cultivarem plantas que só existiam na Europa, onde as senhoras européias, para criar as plantas tropicais, tinham estufas, que as brasileiras imitavam.

Essa verdadeira invasão das peças de ferro importadas parece ter atingido o Rio de Janeiro mais fortemente do que outras regiões brasileiras. A arquitetura residencial apenas espelhava uma influência cujo maior vigor se localizava nas obras de grande porte. Notáveis foram os edifícios do Mercado e do Corpo de Bombeiros, recentemente demolidos. No canal do Mangue, junto ao cais, os balaústres da amurada eram peças de ferro, com dimensões e proporções iguais às dos comuns, de alvenaria. Eram de ferro mesmo os detalhes mais insignificantes, como os quiosques de jornais e as grades de proteção às árvores, em torno dos troncos e no solo, em torno das raízes, ou como ralos de bueiros.

Vista sob esse prisma, a arquitetura brasileira da segunda metade do século XIX parece ter sido apenas um objeto de importação. Todavia, para alcançar uma visão de conjunto do problema, seria necessário proceder a um exame mais detalhado da arquitetura da época e a uma crítica do Ecletismo.

168

6
As residências

O Ecletismo — propondo uma conciliação entre os estilos — foi um veículo estético eficiente para a assimilação de inovações tecnológicas de importância.

Com os novos recursos, era possível aos arquitetos a adoção de soluções plásticas e construtivas mais complexas.

As moradias já podiam incluir recursos de conforto semelhantes aos das habitações européias de sua época.

A forma de habitação mais comum, na segunda metade do século XIX e mesmo no início do século XX, era a residência com entrada lateral, à qual em geral estava associado um jardim. Nessa época os projetos cuidavam de conservar em linhas principais os padrões acadêmicos, mas, ao mesmo tempo, eram empregados, como elementos complementares, os equipamentos de ferro, fornecidos pela indústria européia.

A importância dessa transformação no esquema de implantação da arquitetura residencial brasileira já foi objeto de estudos, mas cabe ainda realçá-la. Nas casas menores, no ponto junto ao qual, nos esquemas mais antigos, de origem colonial, ficava o início do corredor, era aberto agora um terraço pequeno, que servia de entrada. A esta, sempre mais alta do que a rua, de um a dois metros, chegava-se por uma escada, protegida por uma armação de ferro, coberta de vidro, como as que ainda existem em São Paulo, em casas das ruas Maria Antônia, Jaceguai, Glória ou Liberdade.

Nessas residências construídas em geral em grupos, a sala da frente, reservada como sempre às visitas, tinha uma porta que abria para o patamar, à esquerda ou à direita de quem entra, mas a entrada mais freqüente era pela sala central, cuja porta se colocava ao fundo do terraço, olhando para a rua. Esta sala com funções de sala de jantar e de viver fora transferida para a frente — se bem que um pouco recuada — abandonando a posição dos fundos, junto à cozinha, que ocupava nas plantas coloniais, aproximando-se do mundo exterior.

O corredor, partindo da sala e levando aos fundos, dava entrada para os vários quartos, a cozinha e o banheiro, que constituía, ainda nesse tempo, verdadeira inovação. A iluminação e o arejamento das casas eram feitos por meio de pátios e corredores laterais estreitos, geralmente com um metro de largura, apenas suficientes para permitir o movimento das folhas externas das janelas e o avanço dos beirais. Esses corredores e pátios constituíam também novidades e sua introdução era possível graças aos recursos técnicos disponíveis — aos quais já tivemos oportunidade de nos referir — tanto para a organização dos telhados, muito mais amplos e a custos acessíveis, como para a condução das águas e esgotos para a rede coletora.

170

As formas favoreciam

novos recursos e novos usos

Como nos séculos anteriores, os terrenos eram de pouca frente, forçando o alongamento das construções. As casas raramente comportavam mais do que duas salas, na largura. As residências maiores, porém, apresentavam normalmente uma área livre lateral, que ocupava o espaço de um outro lote e se organizava como jardim. Durante muito tempo esse aumento de espaço livre não conduziu a qualquer modificação na maneira de dispor a casa no terreno — da sua implantação, se quisermos usar a linguagem dos arquitetos — ou de suas proporções, que continuavam a obedecer aos esquemas mais antigos. Todavia, a entrada principal já não se colocava no eixo da fachada, abrindo sobre a rua, mas era deslocada para a lateral, passando pelos jardins, que recebiam, por isso, um tratamento formal, inspirado em modelos franceses e eram protegidos do exterior, muito solenemente, por grades e portas de ferro, em geral de proporções gigantescas. O formalismo desses jardins desenvolvia características que haviam surgido na primeira metade do século XIX, mas entre os modelos franceses já se insinuavam alguns elementos pitorescos como quiosques, grutas ou lagos com pontes, chinesismos ou japonismos, aqui chegados muito possivelmente por influência anglo-saxônica.

Por menores que fossem as dimensões dos espaços abertos, as flores e os arbustos eram sempre dispostos em canteiros de perfeitos traçados geométricos. Estes eram protegidos por muretas, quase sempre de tijolos de primeira qualidade, que os separavam das calçadas de cimento ou também de tijolo e, às vezes, asfaltadas. Se a arquitetura do prédio era ainda influenciada pelo Neoclássico, dispunham-se, entre as plantas, algumas figuras de mármore; se era pelo Ecletismo, dispunham-se fontes, grutas de cimento com estalactites e estalagmites e lagos com pontes de cimento, imitando troncos de madeira. Eram freqüentes, principalmente nas chácaras, os mirantes junto aos muros, geralmente circundados por grades ou balaustradas e, em alguns casos, protegidos por pérgolas ou latadas.

A entrada, transferida para a fachada lateral, era feita por uma escada geralmente de ferro, com degraus de mármore, mas nos exemplos mais econômicos, de alvenaria, com degraus de granito, como algumas casas ainda existentes em São Paulo, nas proximidades das ruas Veridiana e General Jardim. Sobre a fachada, corria sempre um alpendre, também de ferro, que desempenhava nas plantas as funções de corredor de acesso. Desse modo, procedia-se a uma completa transformação das bases da composição. Os elementos fundamentais de circulação vertical e horizontal, os corredores e as escadas, em torno dos quais se havia feito, durante séculos, a organização dos espaços na habitação urbana e que constituíam, portanto, verdadeiros eixos das plantas, passavam para o exterior, forçando as residências a se voltarem para o jardim.

Alguns exemplos ilustram as etapas dessa evolução. Nas residências mais antigas a composição continuava claramente orientada para a rua. Uma casa existente no Largo de Arouche, em São Paulo, dotada de um jardim lateral não muito grande, tem ainda o telhado de duas águas, voltadas para a frente e para os

172

fundos. A fachada voltada para o jardim é uma empena, nua como a de um sobrado colonial, como um muro sobre o alinhamento, junto ao qual o vizinho levantará, também, sua parede. Seu único tratamento é o alpendre de entrada, com colunas e grades de ferro. Orientação semelhante pode ser ainda observada em um sobrado existente à rua Senador Vergueiro, junto ao Largo José de Alencar, no Rio de Janeiro. Nesses casos, conservava-se ainda a orientação frente-fundos e, mesmo quando a entrada era deslocada para a lateral, a frontaria continuava a receber um tipo de tratamento decorativo que a caracterizava, hierarquicamente, como principal.

Nos exemplos mais evoluídos, esse tipo de tratamento, até então reservado para a elevação que se voltava para a rua, é estendido para as laterais. Desse modo, ganhando em profundidade, a composição adquire, nas residências, as características plásticas de um problema tridimensional. Para garantir a homogeneidade do conjunto, os telhados passam a ter quatro águas, em lugar de duas, e às vezes, corpos transversais. Com esse recurso, o mesmo acabamento de beiral ou platibanda, utilizado junto à rua, passava a ser empregado em qualquer ponto das laterais, solução eficiente, segundo os objetivos formais da época, uma vez que ambas ficavam sob as vistas de estranhos e visitas.

Nos anos seguintes, — os últimos do século — começaram a aparecer as primeiras casas com jardins na frente. Recuadas, de início, apenas alguns metros — cerca de três — conservaram durante algum tempo as características anteriores, com o cuidado de somente abrir portas para as laterais. Exemplos curiosos dessa transição encontravam-se ainda há pouco, em São Paulo, à rua Santo Antônio, entre os viadutos Major Quedinho e Martinho Prado. O passo seguinte — o isolamento das residências no centro do lote — com raras exceções, já seria uma experiência do século XX.

As moradias das famílias mais abastadas já incluíam, em muitos casos, recursos de conforto semelhantes aos das habitações européias de sua época e seu tratamento formal ia sendo rebuscado, para atender com rigor aos padrões acadêmicos europeus, então em voga. Instaladas em geral em chácaras, ou, pelo menos, em terrenos de grandes proporções, ofereciam aos arquitetos a possibilidade de composições relativamente complexas e a oportunidade para uma complicada ornamentação, onde se mesclavam os mais variados motivos da linguagem arquitetônica sancionada pela Academia. O rigor no cumprimento dos cânones de ordenação formal correspondia, de algum modo, a uma evidência da importância da família proprietária.

Nos interiores, as plantas eram organizadas em torno do saguão, como na casa da família Cerquinho Malta, que existiu em São Paulo, na esquina da Avenida Higienópolis com a rua Itacolomi, como na Vila Uchoa e na Vila Penteado, também em São Paulo, já do início deste século e como no Palácio do Catete no Rio de Janeiro. Peça de recepção e de articulação vertical e horizontal dos elementos do plano, o saguão recebia sempre um tratamento com intenções monumentais, onde se misturavam elementos arquitetônicos e decorativos de origens diversas, ordenados de um modo eclético. Seu pé-direito, duplo — o que, nessa época, significava uma altura de nove a dez metros — permitia valorizar a escada principal e facilitava o aparecimento, na parte superior, de balcões e passagens em balanço, de madeira ou ferro fundido, que vinham acentuar a escala monumental. A iluminação diurna era feita através desses balcões ou, mais comumente, através de clarabóias ou janelas gigantescas, que tomavam também a altura de dois pavimentos e eram valorizados com vitrais. Os pisos de mármore ou de mosaicos coloridos combinavam, em pretensão, com as pinturas sobre as paredes, os lambris, as lareiras e o acabamento rebuscado de todos os detalhes.

Para o saguão abriam as passagens ou corredores que levavam às partes mais íntimas da casa e a escada de ligação com a parte de permanência noturna, mas abriam também, através de portas mais valorizadas, freqüentemente com cristais bisotados, as salas de recepção formal, como as salas de visitas e de música e bibliotecas ou "escritórios", que mais do que locais de estudo, eram o ponto de reunião dos homens e sala de fumar.

Com os novos recursos construtivos, era possível aos arquitetos a realização, mesmo nas casas mais comuns, de algumas experiências de ordem espacial, com elaboração mais complexa. Assim, surgindo os jardins,

174

A preocupação

com os recursos construtivos

apresentavam-se pela primeira vez os problemas de ligação interior e exterior. A preocupação com esse novo aspecto da composição pode ser verificada nos exemplos de alpendres e escadas externas, nos vitrais, coloridos ou não e nos jardins de inverno com seus *bow--windows* onde os ricaços tomavam o licor e fumavam charutos após as refeições e as senhoras passavam as tardes tricotando e conversando, numa clara imitação de costumes europeus.

Às vezes, as salas e dormitórios eram prolongados para o exterior por meio de pequenos corpos salientes, com discreta curvatura, semelhantes aos *bow-windows,* que se projetavam, em balanço, para o exterior. Sua cobertura era em geral metálica e tinha forma de uma pequena secção de calota esférica ou de uma concha, encaixada na parede. Abriam-se por meio de três janelas alongadas na altura e estreitas, sobretudo as laterais. Os montantes, delgados, aproximavam as aberturas, que pareciam formar, em qualquer caso, um conjunto envidraçado. Na parte interna, o peitoril, com espessura reduzida — para facilitar o balanço — era sempre revestido de lambris, de modo a causar a impressão de balcão sobre a paisagem. Esse artifício, certamente um esforço de ligação com o espaço exterior, foi desenvolvido, de modo especial, com o "Art Nouveau", mas as primeiras experiências remontam a épocas anteriores.

A preocupação de domínio sobre a paisagem era revelada ainda pela presença dos mirantes. Sob a forma de torreões, terraços elevados, lanternins ou simples plataformas, junto aos muros, eram uma constante na arquitetura brasileira de quase todo o período em que influíram os esquemas do Ecletismo. As casas mais ricas, em São Paulo, situadas nos pontos mais elevados, eram dotadas de torres com mirantes, como o comprova a maior parte das residências daquela época ou dos primeiros anos do século XX, que se conservam em bairros em torno da Avenida Paulista, Campos Elísios ou Bela Vista.

Uma vez afastadas das vias públicas, as casas tendiam a ter reduzida a altura de seus porões, de forma a aproximá-las do jardim. Instalavam-se então, no andar térreo, os locais de permanência diurna e os serviços e, nos sobrados, os dormitórios e banheiros, estabelecen-

176

A qualidade da mão-de-obra se revela nos detalhes

do-se, dessa forma, o esquema de distribuição funcional que seria seguido pela maioria das residências no século XX. Em alguns casos utilizava-se a mansarda, a modo europeu, para acomodação de criados, mas a solução mais freqüente era a de construção de edícula nos fundos dos lotes, liberando os porões e estabelecendo outra das características que vigorariam na arquitetura residencial brasileira da primeira metade deste século.

Mesmo atendendo superficialmente aos cânones acadêmicos, o tratamento arquitetônico era variado. As paredes eram recobertas por decorações de massa, inspiradas no barroco francês e italiano, cuja superficialidade revelava a licença formal do Ecletismo. Essa influência era observada também na crescente incorporação de elementos metálicos, produzidos pela indústria, portanto de origem mais recente, como arremates de cobertura ou elementos estruturais, cuja aceitação era facilitada pela onda de liberalismo estético.

Esse tipo de mescla pode ser observado no Palácio do Catete, antiga residência de grandes proprietários rurais. Junto ao jardim lateral e nos fundos, nota-se a presença, em dois pavimentos, de alpendres com grossas colunas, e "mãos francesas", de ferro. No interior a nota predominante é a escada de entrada, também de ferro e o vitral do forro, com uma decoração extremamente rebuscada.

Essas tendências eram acompanhadas nos interiores, onde os móveis tradicionais foram sendo substituídos por peças européias, produzidas em série, em torno das quais eram acumulados objetos de luxo, de todos os tipos, que incluíam de *bibelots* a jarrões da China, passando por estatuetas de prata, bronze e porcelana, que se compunham em arranjos *fin-de-siècle,* de gosto discutível.

Assim, ressalvadas as restrições de gosto, é inegável que o Ecletismo, manipulado pelos profissionais renovadores de seu tempo, apresentou-se durante a segunda metade do século XIX — e mesmo durante o início deste — como um veículo estético eficiente para a assimilação de inovações tecnológicas de importância aos padrões arquitetônicos já existentes, bem como um fator de dissolução dos limites mais rígidos desses mesmos padrões. Torna-se portanto indispensável um esforço de reexame crítico do Ecletismo.

7 Crítica do ecletismo

Para a arquitetura brasileira, a influência do Positivismo representava o estímulo ao desenvolvimento tecnológico.

O Ecletismo, como um movimento de conciliação, facilitava essa transformação.

A influência do Ecletismo era, assim, apenas um fenômeno formal, que abria condições para o avanço tecnológico e, simultaneamente, para o reforço da dependência cultural e material do mercado externo.

As transformações econômico-sociais ocorridas no Brasil, durante a segunda metade do século XIX, implicaram em mudanças importantes no quadro arquitetônico. A principal delas, que teria sido a passagem do trabalho escravo para o trabalho remunerado, correspondeu à adoção de novas formas de produção e uso da arquitetura. As modificações são evidenciadas na escolha dos materiais de estrutura e acabamento e nas formas de sua aplicação, com maior precisão e regularidade de acabamento.

A modificação operada poderia ser caracterizada, ao mesmo tempo, como uma passagem de uma fase de artesanato — com o aprendizado e a evolução se processando no próprio canteiro e formas de organização de trabalho quase individuais — para uma etapa de manufatura, com aprendizado sistemático em escolas de nível superior e com organização de canteiro mais complexa, quando surgem empresas construtoras de maior envergadura, centralizando os instrumentos de trabalho. É a época em que aparecem as primeiras escolas de engenharia, com o objetivo de transmitir a tecnologia européia do tempo, sobretudo no setor das construções e dos serviços urbanos em geral.

Nas habitações destinadas às camadas mais abastadas tendia-se à utilização máxima de materiais importados e ao emprego das formas arquitetônicas como símbolos de posição social. Para a maioria dos edifícios, porém, a adoção dos estilos não implicava em grande rigor formal. Em quase todos os casos, o tratamento decorativo ficava resumido a apenas algumas aplicações superficiais, capazes de integrar, numa ordem qualquer, os elementos funcionais e construtivos. Os "achados" plásticos situavam-se sempre sobre os mesmos pontos dos edifícios; as partes mais trabalhadas formalmente, com intenção expressiva, eram em geral as mesmas. Mas a arquitetura mais comum era quase sempre despida de elementos decorativos de maior importância.

As mudanças formais incorporando elementos construtivos e plásticos de origem diversa eram ordenadas de forma eclética. O Ecletismo que surgira na

180

Liberdade no uso das

ormas, veículo para os
ecursos construtivos

França, durante a primeira metade do século, oferecia a vantagem prática de propor uma conciliação no plano filosófico, político-social e estético. "O sucesso dessa tendência filosófica foi devido ao fato de, a partir de 1830, haver ela tomado uma orientação que satisfazin, num momento ainda de crise das velhas correntes filosóficas e políticas, uma direção conciliadora.

O ecletismo propunha a todos os sistemas um tratado de paz. Ele deveria conciliá-los, guardando deles aquilo que possuíssem de precioso, do mesmo modo que o governo representativo deveria ser um governo misto, que satisfizesse a todos os elementos da sociedade. Depois de 1830, foi doutrina oficial da Universidade de Paris, no reinado de Luiz Felippe".[1]

No Brasil, o Ecletismo político respondeu também às necessidades de conciliação do período histórico que vai da abdicação de Pedro I até a Maioridade e durante a "conciliação" de Nabuco de Araújo. A predominância dos interesses comuns sobre as divergências entre os partidos políticos do Império — e o mesmo vale para a Primeira República — permite levar mais longe a comparação. "O revezamento dos partidos liberal e conservador", dirá um historiador, "com que o segundo Império, criado o figurino, disfarçava de uma maneira apenas aparente a intimidade do organismo nacional, incapaz de suportar, em realidade, uma divisão nítida de idéias, de sorte a torná-la fixada em partidos antagônicos, nunca passou de ilusão, visto como ambos eram, apenas, agregados de clãs organizados para a exploração em comum das vantagens do poder. E caberia assim razão para Clóvis Beviláqua, ao afirmar que o Ecletismo foi a filosofia que mais extensas raízes encontrou na alma brasileira."

O Ecletismo na arquitetura seguiu caminho semelhante, propondo uma conciliação nas polêmicas sobre os estilos históricos. Essa posição, de nítidas afinidades com o positivismo e com as correntes evolucionistas em geral, já é bastante clara entre os pensadores de quase todos os países europeus do início do século XIX. A questão se coloca formalmente, porém, com o apa-

(1) CRUZ COSTA, João. *História das Idéias no Brasil*. São Paulo, Editora Nacional.

recimento do Neogótico. Apresenta-se pela primeira vez aos arquitetos uma alternativa para o Neoclássico. O movimento baseado inicialmente em princípios românticos — buscando uma volta às origens e uma valorização da expressão e da liberdade criadora — assume aos poucos bases construtivas mais consistentes, com sentido racional, passando a ameaçar as posições acadêmicas. A polêmica atinge o auge em 1846, com o manifesto da Academia de Paris, condenando o Neogótico. Com o desenvolvimento dos trabalhos de investigação histórica, multiplicam-se os "estilos" à disposição dos arquitetos, tornando-se claros os aspectos de aplicação superficial decorativa de todos eles. No dizer de Leonardo Benévolo, "os estilos são considerados como costumes contingentes e acredita-se que estejam superadas todas as pretensões de exclusivismo. A prerrogativa dos arquitetos, que os distingue dos engenheiros, é a liberdade de escolher estas ou aquelas formas, prerrogativa individual e não coletiva, dependendo do sentimento e não da razão. O ecletismo não se interpreta mais como uma posição de incerteza, mas como um propósito deliberado de não encerrar-se em nenhuma formulação unilateral, de julgar caso por caso, objetiva e imparcialmente".

As condições de desenvolvimento das correntes ecléticas no Brasil são peculiares. A revolução industrial em andamento na Europa apenas repercutia — e de modo indireto — sobre a economia do País. A adoção de elementos construtivos produzidos industrialmente e de padrões formais capazes de assimilá-los, dentro das soluções tradicionais, significava, nessas condições, ao mesmo tempo um avanço da tecnologia e o reforço de laços de tipo colonial.

Colocando-se na posição de importadores de equipamentos e conhecimentos arquitetônicos, os construtores brasileiros tendiam a assumir as funções de espectadores, a posição passiva de quem apenas assimila sem elaborar. Em face das polêmicas que pudessem decorrer do processo de elaboração, a posição mais fácil seria certamente a do ecletismo, a conciliação. Situados diante das responsabilidades da escolha, diante das alternativas que se colocavam para a arquitetura européia de seu tempo, diante dos vários estilos — do neogótico,

183

neo-românico, do próprio neoclássico — caminhos que eram abertos para solucionar os problemas alheios, os construtores e usuários da arquitetura no Brasil optavam pela solução tecnológica mais perfeita, reduzindo a forma a um plano secundário. Reforçavam-se, portanto, os fundamentos do ecletismo arquitetônico europeu, tendo em vista, porém, os objetivos das camadas sociais que iriam utilizá-lo no País.

Por outro lado, o Neogótico não teve aqui maior repercussão. A não ser algumas manifestações tardias de gosto provinciano, de igrejas "góticas" de alvenaria de tijolo — quase todas já do século XX — os casos foram suficientemente raros para serem ignorados. Em seu lugar, firma-se, com objetivos muitas vezes semelhantes, o que parece ser, na época, o padrão da arquitetura nórdica, através do modelo do chalé, da casa de tijolos ou madeira e telhados com grande inclinação. Essas manifestações podem ser atribuídas, também, à influência do que, nos países anglo-saxônicos, tem sido chamado de "Pitoresco", movimento romântico, surgido, como o Ecletismo, em fins do século XVIII. À sua influência poderiam ainda ser atribuídos outros elementos característicos da arquitetura do século XIX e mesmo do atual, como a preocupação com as composições assimétricas, com as relações entre o edifício e a natureza circundante, com a arquitetura rural mas sobretudo com os "exotismos", isto é, com as influências culturais chinesas, iranianas, hindus e japonesas, que freqüentemente são levadas apenas à conta do Ecletismo. Na arquitetura brasileira, seria talvez possível reconhecer como manifestações pitorescas, além do chalé, as grutas de jardim, os lagos em miniatura, cruzados por pontes e cercados com peças de cimento imitando troncos de árvore, como os bancos do mesmo gênero ou mesmo os jardins de inverno, que vieram formalizar o uso das antigas varandas, mais francas e mais diretamente voltadas para a paisagem local. Isto porque, se havia no pitoresco anglo-saxônico algum respeito pela natureza e algum interesse pelo exotismo, era respeito pela natureza tal qual ela existia — e essa preocupação ainda pode ser reconhecida no organicismo norte-americano — e interesse pelo mistério e pelo que haveria de "natural" e não formal, na cultura dos não-indus-

As decorações e as técnicas repetiam os sucessos de Paris

trializados, enquanto que, no Brasil, o interesse estava voltado para os países de clima temperado, já industrializados, cuja paisagem era copiada, o quanto possível, para ambientar os edifícios nos quais se procurava reproduzir e empregar a tecnologia dos mais desenvolvidos. Da mesma forma, os "exotismos" consistiam, quase sempre, em uma cópia das soluções européias menos formais, sem considerações pela sua origem, o que, afinal, reduzia o problema novamente a uma variedade de Ecletismo.

Assim, é possível reconhecer que as tendências da arquitetura brasileira da segunda metade do século XIX encontravam apoio em duas correntes, da maior importância no pensamento brasileiro da época: de um lado o positivismo, procurando estimular o desenvolvimento e o amadurecimento tecnológico no País, criando condições de receptividade para todos os aspectos da tecnologia da era industrial e, de outro, o Ecletismo, propondo uma conciliação que facilitava essa transformação, assimilando as inovações aos padrões anteriores.

O Ecletismo foi, pois, em arquitetura, conciliação e progresso, tradicionalismo e progresso ou, como se diria depois, ordem — com uma conotação determinada — e progresso. Cabe portanto aqui a mesma questão levantada a propósito do Neoclássico: se o Ecletismo no Brasil era uma cópia e se a cópia era perfeita, não deveria ter raízes locais, pois era fruto de outras condições sócio-econômicas. Mas, se não tinha raízes, como alcançar generalidade, admitindo-se como pacífica a origem social da arte? Em primeiro lugar, é necessário lembrar que os que afirmavam a perfeição das cópias eram os que produziam e consumiam essa arte. Da perfeição das obras e do uso dependia a perfeição da "civilização" dos usuários e autores.

A arquitetura não é um simples dado das condições de existência social. Ela é realizada pelos agentes sociais, com alvos socialmente definidos. Esses alvos, por sua vez, não podem ser aceitos apenas como são expressos ao nível da consciência pelos próprios agentes sociais, mas devem ser induzidos das condições concretas de existência social. Quem produz ou utiliza arquitetura vê em seu conjunto e em suas partes significados, que são socialmente definidos. Esses constituem, em conjunto, a linguagem plástica que o arquiteto vai manipular.

As mudanças, em qualquer nível — sociedade global, grupos sociais, tecnologia, linguagem plástica — redundam numa alteração das condições de ação do artista, que deverá assimilar as novas condições, integrando-as no conjunto anterior (com o que provoca, em maior ou menor escala, sua alteração) mas sua tradução arquitetônica é sempre feita em termos espaciais, como meio de linguagem plástica.

A arquitetura não é uma conseqüência direta das condições sociais porque então, para condições sociais idênticas, haveria sempre a mesma arquitetura. Ela é uma forma de viver, de ir ao encontro da realidade, procurando transformá-la segundo os alvos sociais dos agentes. Pode, portanto, adquirir significados contraditórios, segundo os grupos sociais pelos quais é utilizada. Mas sempre e necessariamente, se não é caso particular, isto é, se é utilizada por grupos sociais e tem generalidade, é porque adquiriu significado social para o grupo. Assim, o Neoclássico adquiriu significado político eminente para os grandes proprietários rurais do Brasil, no século XIX, ainda que sua realização, em certos casos, fosse apenas uma questão de pintura sobre as paredes. Se foi aceito e difundido no Brasil, é porque os agentes da influência cultural encontraram forças locais capazes de sintonizar objetivos com aqueles. Sem dúvida o conhecimento da arquitetura eclética no Brasil é incompleto, sem o conhecimento das explicações fornecidas pelos seus agentes. Aceitá-las como completas é, porém, igualmente insatisfatório. Para o papel que os agentes do Ecletismo pretendiam representar no cenário político brasileiro era necessária a perfeição da cópia. Nas condições correntes de produção e uso, porém, a cópia sob a inspiração do Ecletismo era apenas um fenômeno formal, por intermédio do qual se abriam condições, simultaneamente, para a introdução de elementos mais atualizados e necessários ao aperfeiçoamento das construções e para a preservação, pela adaptação, dos valores já obsoletos, segundo os quais se estabeleciam as relações entre o Brasil como país fornecedor de matérias-primas ao mercado internacional e os países mais industrializados, de cuja "civilização" aqueles agentes sociais procuravam ser os representantes mais avançados e a cujos interesses estavam necessariamente vinculados.

É claro, portanto, que a arquitetura brasileira passou por transformações de importância, durante o século XIX. O aprofundamento de seu estudo seria de interesse. Procurando ir além de seus aspectos formais mais elementares, procurando identificar as condições de ocorrência das mudanças sofridas e os agentes das mesmas, com seus alvos sociais, é possível abrir novas perspectivas de interpretação, referindo as mudanças ao contexto social mais amplo, caracterizando os seus mecanismos de emergência e captar, desse modo, os significados assumidos pelos elementos plásticos, para os agentes em questão.

Como já afirmamos em outra oportunidade, estamos convencidos de que somente quando se estuda o Neoclassicismo e o Ecletismo através de suas motivações locais é que se pode compreender de que modo, menos de quatro décadas após o final do século XIX, já era possível à arquitetura brasileira iniciar o grande avanço que a tornou conhecida mundialmente.

Sobre o patrimônio de cultura

O patrimônio cultural de cada região brasileira deve ser mobilizado como ponto de partida para as criações do presente.

Esse patrimônio é fundamental para a incorporação das atividades criadoras — intelectuais e sensíveis — na vida dos dias atuais.

Serviços culturais desse tipo, destinados ao uso da população local, têm também interesse econômico, pois são a base para as indústrias de cultura e turismo.

O trato com os problemas da arquitetura brasileira trouxe-nos, com o tempo, uma certa familiaridade com as questões relativas à preservação de seus exemplos mais significativos. Desta, nasceu uma preocupação, quase constante — comum a todos aqueles que trabalham nesse campo — com a possibilidade de se encontrarem caminhos para que as manifestações de nosso patrimônio de arte e história, conservadas com tantos cuidados e sacrifícios, venham a ser utilizadas, mais largamente, para o enriquecimento da vida cultural de nossa população, bem como com a possibilidade de serem obtidos recursos mais amplos para o desenvolvimento de programas atualizados nesse setor.

O patrimônio artístico e histórico tem sido considerado, no Brasil, como um acervo cultural que o poder público se empenha em preservar, às suas custas, através de algumas amostras de significação excepcional, que são guardadas como documentos da vida cultural de outras épocas. Os próprios itens da legislação de proteção, que estabelecem a forma de tombamento das obras — isto é, a forma de sua inscrição no livro de tombo ou registro — incluem uma referência expressa à excepcionalidade dessa restrição aos caminhos normais de renovação das estruturas urbanas e rurais e das restrições ao direito da propriedade, que lhe ficam implícitas. De acordo com esse processo, nos vários Estados da federação selecionam-se algumas obras, consideradas notáveis por seu significado artístico ou histórico, sobre as quais se estende a proteção oficial e em sua restauração e conservação despendem-se os recursos disponíveis.

Dessa política, aplicada de forma criteriosa, resultou o prestígio indiscutível de que goza a repartição correspondente, a Diretoria do Patrimônio Histórico e Artístico Nacional, que há mais de trinta anos vem conseguindo, com um trabalho de alto nível técnico, preservar as manifestações culturais mais importantes do País. Todavia, a extensão de seus resultados vem sendo limitada, sensivelmente, pela carência de meios financeiros. Como, na prática, os ônus das medidas defensivas recaem sempre sobre os cofres públicos, o custo relativamente elevado dessa aplicação termina por restringir as possibilidades de ação da repartição federal, que tende a concentrar os seus esforços em áreas como

192

O patrimônio de cultura é o ponto de partida.

Bahia, Pernambuco e Minas Gerais, onde o volume de suas responsabilidades se destaca em relação a outras regiões do País.

Como conseqüência, um número muito grande de edifícios e obras artísticas em geral, de grande importância regional mas de valor relativo no plano nacional, é condenado ao abandono, à destruição ou à descaracterização. Mesmo manifestações culturais de interesse nacional, como as que se referem à história do café e à origem da industrialização no Brasil — ambas ocorrendo em boa parte no Estado de São Paulo — estão desaparecendo rapidamente, pois as ocorrências dos séculos coloniais tendem a ser mais valorizadas do que aquelas.

Todavia, uma nova perspectiva vem sendo estabelecida, no trato desses problemas, com a instalação de serviços de proteção ao patrimônio de cultura, de âmbito regional ou estadual, que assumem a responsabilidade de defesa de parte do acervo de seus territórios, em sintonia com o serviço federal, que vem apoiando soluções desse gênero. Guanabara e Paraná já contam com seus serviços instalados e em boa hora foi criado e posto a funcionar, em São Paulo, um Conselho de Defesa do Patrimônio Histórico, Artístico e Turístico do Estado. Notícias recentes dão conta da inauguração de um organismo semelhante, em Salvador, que contará, inclusive, com o apoio financeiro de organismos internacionais.

O objetivo último de um patrimônio de cultura, que se preserva desse modo, com grandes sacrifícios, através de algumas amostras mais significativas e de alguns raros conjuntos, não pode ser o de constituição apenas de um acervo documental ou a afirmação da grandeza do passado perante o presente. A própria natureza do processo cultural, sempre renovado, está a indicar a importância de uma destinação mais ampla e mais fecunda para esse patrimônio, que o defina como ponto de partida para as criações culturais do presente, como um recurso fundamental para a incorporação das atividades criadoras — intelectuais e sensíveis — na vida do brasileiro comum dos dias atuais, afastado de suas origens rurais de um passado recente mas ainda não integrado culturalmente nas grandes metrópoles em formação. Por sua vez, a noção contemporânea de

194

Nós somos o nosso patrimônio de cultura. No passado e no presente

museu — que deixa de ser um local onde se acumulam as criações do passado, para se transformar no local onde se estimula o processo de criação — abre um caminho para o relacionamento funcional dos elementos culturais do passado e do presente.

Essas observações vêm a propósito das condições culturais existentes na cidade de São Paulo e em toda a sua região de influência direta. Apesar de ser dotada de um patrimônio histórico e artístico da mais alta significação, mesmo em escala nacional, essa região vem assistindo a um progressivo empobrecimento da vida cultural de sua população, cujas conseqüências negativas é impossível continuar ignorando.

Esse processo de desorganização torna-se ainda mais absurdo porque vem ocorrendo exatamente na área cuja população é, reconhecidamente, a que dispõe dos melhores níveis de instrução e do mais elevado poder aquisitivo médio do País. Nenhuma região e nenhum Estado brasileiro dispõe de quadros tão amplos de pesquisadores, professores e técnicos atuando no campo da cultura, com formação universitária especializada, que possam ser avaliados segundo padrões internacionais. Em nenhuma região pode ser encontrado um mercado tão amplo para assuntos culturais, incluindo um número gigantesco de estudantes de todos os níveis e um contingente numeroso de trabalhadores, com um poder aquisitivo que lhe permite consumir regularmente na faixa dos produtos culturais.

E, paradoxalmente, existe hoje um acordo quase unânime de opinião sobre as características negativas de São Paulo no terreno cultural: trata-se de uma cidade triste, com uma população agressiva e pouco comunicativa, voltada apenas para os problemas do trabalho e da produção em geral, com ausência quase completa de vida sensível e intelectual espontânea. Esse empobrecimento, atribuído geralmente a alguns traços típicos do temperamento do paulista, que seriam reforçados pelas condições da vida contemporânea, é exemplificado sobretudo com a ausência de festas e outras manifestações de cultura popular. Essa explicação, que surge correntemente associada às críticas unânimes às condições existentes, não pode subsistir a uma análise, mesmo perfunctória, dos dados disponíveis. Em primeiro lugar porque em sua fase mais "fechada" e provinciana, antes de se transformar em centro de uma região metropolitana, São Paulo tinha suas festas populares bem marcadas, que incluíam, até por volta de 1940, um animado carnaval de rua, alegres festas juninas e as intermináveis e tradicionais serenatas, infelizmente proibidas.

Em segundo lugar, porque a maior parte de sua população é oriunda de outros Estados e de regiões do interior, antigas zonas cafeeiras e açucareiras, com apreciáveis tradições de cultura popular e erudita, que são entendidas como responsáveis, lá, pelas manifestações mais brilhantes de sua vida intelectual e artística.

Antes, seria possível reconhecer, no que está ocorrendo entre nós, as características de um colapso das formas tradicionais de comunicação e integração cultural, sem que se estabeleçam as condições para a sua substituição por formas mais atualizadas. Nesse sentido, seria possível afirmar que São Paulo é uma região metropolitana que tenta utilizar ainda a organização cultural de uma província.

Por outro lado, tem havido sempre uma resistência mais ou menos consciente dos poderes públicos, que hesitam diante das responsabilidades de dotar a região de São Paulo de serviços culturais compatíveis com as condições de vida de sua população e com a influência que exerce sobre o interior e mesmo sobre os outros Estados. Essa resistência é tanto mais surpreendente quanto mostra decorrer de um conhecimento superficial do problema, pois as atividades culturais, quando bem orientadas, são de custo muito reduzido e conferem prestígio público aos seus promotores. A origem dessa resistência poderia ser reconhecida como sendo a convicção, mais ou menos generalizada, de que os serviços culturais são supérfluos e de que São Paulo não tem necessidade de equipamentos nesse terreno porque não é uma cidade de turismo. Organismos, serviços e atividades culturais nessas condições seriam normais, portanto, em cidades como Paris, Rio de Janeiro ou Buenos Aires, que são centros de turismo.

Essa noção inverte a ordem dos fatos. Essas e outras cidades — como Londres, Nova Iorque ou Roma — que são hoje grandes centros turísticos, instalaram seus serviços culturais com escala adequada à sua con-

197

dição de metrópole, para o atendimento de suas próprias populações e foi exatamente em decorrência desse aperfeiçoamento que se transformaram em centros turísticos, atendendo aos forasteiros que desejam conhecer e auferir das vantagens da vida em uma grande capital. Nessas condições, é possível afirmar que de início o turismo é uma conseqüência e não uma causa das atividades culturais e recreativas.

A propósito, basta lembrar que a grande transformação de Paris, que a tornou conhecida mundialmente, realizou-se entre 1850 e 1870, como parte de sua adaptação às condições de grande metrópole. As obras realizadas nesse período e os serviços culturais então instalados destinavam-se ao uso de seus próprios habitantes, inclusive os suburbanos, e procuravam atender às diferentes camadas sociais, com o objetivo de reduzir as tensões sociais que notabilizaram a capital francesa nos anos anteriores. Da mesma forma, o Rio de Janeiro começou a se tornar um centro de atração para visitantes de todas as regiões, depois das reformas do início do século, no tempo de Pereira Passos e Oswaldo Cruz, quando foram atendidas as necessidades de sua própria população e resolvidos os seus problemas de saúde pública.

Esse conhecimento fica ainda mais claro quando se considera que Paris e Buenos Aires, desprovidas de belezas naturais, como o Rio de Janeiro, devem seus encantos fundamentalmente ao esforço de seus habitantes.

Assim, podemos concluir que São Paulo somente poderá ser um centro turístico, se puder dispor de serviços culturais de metrópole, para uso de sua população. Trata-se, no caso, da passagem de uma fase de cultura provinciana — produzida e utilizada em um quadro provinciano, do qual é a expressão — para uma cultura em escala metropolitana, produzida e utilizada em massa, quase sempre em escala industrial. Como uma região metropolitana, São Paulo tende a desempenhar as funções de centro gerador e distribuidor de cultura e tecnologia — atividade característica das áreas metropolitanas — atendendo às necessidades de milhões de indivíduos. Valendo-se dos recursos que a tecnologia já oferece com esse objetivo, utilizará os meios de comunicação cultural de massa, como o cinema, a televisão, o rádio e as artes gráficas, que se organizam em escala industrial, com níveis elevados de especialização e eficiência.

Esse processo não pode ser entendido, porém, como forma de utilização de veículos atualizados para a simples transmissão dos mesmos conteúdos ou para fornecer elementos de uma cultura refinada, expressões do passado de outros povos, que venham se superpor à vida de nossa população. Pelo contrário, será sempre uma forma de oferecer as condições para que as atividades criadoras se integrem normalmente em sua vida, como um recurso para o enriquecimento do quotidiano, que possa dar maior profundidade e significação aos elementos da própria existência dos indivíduos.

Nessas condições, em uma área metropolitana, qualquer programa cultural de maior envergadura terá como um de seus objetivos primordiais a participação da população. Para a região de São Paulo onde a maioria dos habitantes é de origem rural ou provinciana, essa participação se reveste de importância especial, pois os elementos da cultura tradicional, desorganizados pelo contato com o meio metropolitano, vêm sendo substituídos apenas por elementos mal coordenados de cultura de massa, fornecidos com objetivos comerciais de menor alcance.

Nas condições atuais, como as atividades culturais da população não são programadas de modo adequado, as necessidades tendem a ser cobertas com quaisquer iniciativas cuja forma de organização faça delas instrumentos mais compatíveis com a escala da vida contemporânea, que abrem perspectivas de participação para a massa, seja qual for o seu conteúdo. Os programas de televisão que atingem maiores índices de audiência entre as camadas mais humildes e ignorantes — nas quais os indivíduos sentem maiores dificuldades para se situar com clareza no mundo contemporâneo — são exatamente os que forçam sob todas as formas a participação de seus espectadores, obrigando-os a repetir em coro frases mais ou menos sem sentido, levando-os a participar de sorteios intermináveis, a apresentar em público suas afeições, a namorar em público, a escolher as noivas e os noivos em público, a casar em cerimônias coletivas televisionadas.

199

Existe portanto entre nós uma necessidade aguda de programações culturais de sentido criador, compreendendo formas diversas de atuação, capazes de abranger a maioria da população. As atividades artísticas e intelectuais permitem à população outros modos de entendimento do mundo contemporâneo, facilitando a sua integração e o estabelecimento de perspectivas fecundas — que fujam às relações mais imediatas de trabalho e comércio — favorecendo os seus esforços de passagem de uma ordem tradicional para uma sociedade industrial.

O ponto de partida para o desenvolvimento de um programa de grande envergadura, que viesse ativar o meio cultural de São Paulo em breve prazo, seria necessariamente o seu próprio patrimônio de cultura, que passa, desse modo, a ter uma função social de primeira importância.

Todo povo tem seu patrimônio de cultura, que deve aprender a conhecer e a utilizar. O de São Paulo, ainda pouco conhecido, é um dos mais importantes para a arte e a história do País. A região de São Vicente, por exemplo, guarda os vestígios mais antigos de formas regulares de atividades agrícolas do Brasil, entre as quais se destacam as ruínas do engenho do Governador ou de São Jorge dos Erasmos, montado por Martim Afonso de Souza, em 1532.

Do século XVII e do início do século XVIII, período ocupado predominantemente pelas atividades bandeiristas — cuja importância para a formação brasileira é desnecessário ressaltar — restam ainda, nas proximidades e mesmo dentro da cidade de São Paulo, exemplos numerosos de obras, entre antigas casas rurais, capelas, pinturas e peças de talha, notáveis pelas suas características de simplicidade e apuro formal. Em grande parte já restauradas, essas obras poderiam ser rapidamente aproveitadas para um programa cultural específico para o Grande São Paulo, pois formam verdadeiro anel em torno da Capital. Entre elas caberia lembrar as residências de Santana, Casa Verde, Jaraguá, Caxingui, Butantã, Cotia, São Roque, Brigadeiro Tobias, Itu e Sorocaba, a capela de Carapicuíba — que forma conjunto com a velha aldeia — a de Voturama, a de São Miguel Paulista, a residência jesuítica do Embu e a da Escada, no Município de Guararema.

Durante o século XVIII e a primeira metade do século passado, a Capitania e depois Província de São Paulo foi ocupada por uma "civilização caipira", cujo suporte econômico era uma agricultura modesta, voltada para os produtos de subsistência e para o cultivo, nem sempre bem sucedido, da cana-de-açúcar. Essa agricultura, muito rudimentar, implantada ao tempo dos bandeirantes, recebeu algum alento a partir do século XVIII, com a abertura de mercados consumidores nas regiões das minas e o fortalecimento do mercado externo. Suas áreas de maior prosperidade, tanto no litoral como no vale do Paraíba, ocuparam-se do cultivo da cana-de-açúcar e chegaram a alcançar, durante alguns momentos, sobretudo na primeira parte do século XIX, um volume apreciável de produção. Estiveram porém longe da abastança e a "civilização caipira" que puderam sustentar, se por um lado chegou a atingir pontos altos de originalidade e coerência interna — devidos em boa parte ao isolamento em que vivia a população — por outro foi marcada pelos sinais da sobriedade de recursos e, por vezes, pela pobreza. Ainda assim, conservam-se, nas diferentes regiões do Estado — como o litoral norte, o vale do Paraíba, as regiões de Itu, Campinas, Bragança ou Sorocaba — exemplos de arquitetura rural e urbana dotados de excepcional beleza e um acervo gigantesco de peças de natureza variada e inegável valor. Entre esses, podem ser lembrados os engenhos maiores do litoral norte, como o Engenho d'Água, em Ilhabela, e o Engenho Santana, em São Sebastião, a maior parte das igrejas e conventos franciscanos e carmelitas mais antigos existentes no Estado — em Itu, Santos, São Paulo, Taubaté e São Sebastião — peças de mobiliário, obras de talha, imagens e pinturas — como as do Padre Jesuíno do Monte Carmelo — e inúmeros casos da arquitetura urbana, alguns deles com certo refinamento, como a chamada Casa Esperança em São Sebastião, o sobrado do porto em Ubatuba e, em São Paulo, a velha casa da marquesa de Santos à rua Roberto Simonsen e o sobrado em que morou José Bonifácio, na rua do mesmo nome, de menor apuro mas conservado ainda com a aparência original[1].

(1) Demolido após a publicação do artigo no "Suplemento Literário".

Em contraste com os séculos anteriores, a cultura "aristocratizante" da fase do café deixou registrada na paisagem da região os seus traços mais significativos, hoje em rápido desaparecimento. Com a prosperidade do café chegaram os novos costumes. Os hábitos das camadas mais abastadas tornaram-se aristocratizados e perderam a antiga simplicidade. Para uso dessas, foram importados produtos europeus de toda ordem, que incluíam desde pianos de cauda, vestuário, louças e cristais, até presunto, manteiga e água mineral. Para fins utilitários ou puramente culturais, importavam-se arquitetos, músicos, edifícios pré-fabricados e, às vezes, pintores europeus para decorar as construções. As casas rurais como as urbanas, as matrizes como as capelas, as roupas, as carruagens, os oratórios, as imagens, os móveis, as louças e todas as demais manifestações culturais, sob influência da Europa e da Corte do Rio de Janeiro, que as estradas de ferro e os navios tornavam mais próximos, assumiram padrões excepcionais de refinamento e revelavam o desejo consciente de igualar modelos europeus. Os vestígios, até há pouco numerosos, dessa fase de euforia, que, pelas suas características formais, se colocam entre os mais ricos do País, hoje quase completamente esquecidos, estão desaparecendo rapidamente. Dessa fase restam ainda porém as grandes fazendas de café do vale do Paraíba, como o Resgate e Rialto, em Bananal, a Fortaleza em São Luís, as fazendas das regiões de Campinas, Itu, Amparo, Limeira e das regiões mais novas, como Ribeirão Preto e um número muito grande de casas urbanas nas mesmas regiões e os conjuntos urbanos como o de São Luís do Paraitinga, o do Bananal e a parte central da cidade de Itu.

A história do café e da industrialização de São Paulo no século XX é, em boa parte, a história do Brasil. Apesar disso, o Estado não desempenha o papel cultural que lhe caberia, em função do desenvolvimento científico e técnico de sua população, pelo seu nível de instrução e pelo amadurecimento de suas universidades e instituições de pesquisa e estudo, que se revelam por meio de farta produção intelectual de tipo acadêmico, isto é, restrito ao plano científico e universitário, situando-se de modo um pouco formal, sempre com pequeno contato com a população em geral.

Para o aproveitamento de seu potencial humano e de seu patrimônio de cultura, falta ao Estado um esquema de organização apropriado, isto é, falta uma rede de centros de cultura a partir dos quais seriam coordenadas, em todas as áreas, as atividades culturais. Esses centros podem ser instalados em edifícios restaurados ou conservados, obras arquitetônicas representativas de cada fase, que seriam, desse modo, postas em contato permanente com o público, confirmando e reforçando sua destinação cultural. Utilizado dessa forma, o patrimônio de arte e história do Estado pode, por sua vez, ser beneficiado com aumentos substanciais de recursos para a sua preservação, que se justifica com a nova finalidade.

As áreas onde existem atividades que permitem um certo grau de autonomia intelectual, dotadas de núcleos de ensino universitário e outras formas de instituições voltadas para os problemas culturais, que são as cidades mais populosas e os bairros da capital, podem ser dotadas de centros de cultura de maior envergadura, capazes de preparar programas e orientar atividades em escala regional.

As cidades com população menos numerosa e as áreas de interesse turístico mais isoladas, com menores possibilidades, não devem porém ser abandonadas, pois, se dotadas de centros de cultura de um nível mais modesto, podem valer-se dos programas preparados pelos centros maiores e da orientação destes para a organização de suas próprias atividades, para evoluir rapidamente no terreno intelectual.

Centros de cultura nessas condições permitem o aproveitamento das contribuições de profissionais, estudantes, artistas e de todos os interessados mas sobretudo dos professores, freqüentemente ocupados apenas com atividades didáticas, que podem encontrar assim oportunidade de coordenar os seus esforços para a realização de pesquisas e trabalhos mais criativos sobre os problemas culturais, na esfera das respectivas regiões.

A importância de um serviço dessa natureza pode ser avaliada recordando-se o papel desempenhado por volta de 1950 pelos museus de arte, fundados em São

Paulo, que vieram despertar entre os jovens um interesse, até então desconhecido, pelas várias formas de atividades intelectual e artística. Grupos de estudo e prática de cinema, pintura, música, desenho de propaganda, fotografia, poesias e teatro examinaram os problemas artísticos não como simples espectadores — como em épocas anteriores — mas como participantes e mesmo como futuros profissionais, que muitos se tornaram.

Com a instalação de uma rede de centros semelhantes, em todo o Estado e em várias áreas do Grande São Paulo, é possível organizar atividades criadoras para todas as camadas sociais, aproveitando os quadros já disponíveis, estimulando a preparação de novos programas, coordenando atividades existentes, valorizando manifestações de cultura popular, pondo em contato mais estreito as diversas regiões do Estado.

Atuando sobretudo como fornecedores dos estímulos e coordenadores dos esforços, os poderes públicos podem alcançar grandes resultados práticos com investimentos relativamente modestos. Como os programas podem e devem ser utilizados em diversos centros, seu custo unitário médio terminará por ser insignificante e, ao fim de algum tempo de produção conjunta de todas as regiões, as combinações serão extremamente numerosas, garantindo a diversidade permanente no funcionamento de cada um dos centros culturais.

Valorizando desse modo o patrimônio de arte e história e estabelecendo serviços culturais para a sua população, os poderes públicos não estarão investindo no supérfluo, mas lançando as bases para a organização de um mercado em larga escala para vários setores industriais e comerciais, principalmente para o turismo e as indústrias de comunicações culturais e bem cedo os nossos financistas descobrirão que a cultura é uma necessidade humana e pode ser também um bom negócio. De qualquer forma, esse parece ser o único caminho viável, no momento, para atender às necessidades culturais dos centros mais populosos do Estado, justificando ainda maiores investimentos na proteção de nosso patrimônio de arte e história e garantindo um desenvolvimento constante no setor de turismo. O que significa, afinal, o caminho da cultura em escala metropolitana.

BIBLIOGRAFIA

ACRÓPOLE. *Brasília: história, urbanismo, arquitetura, construções.* S. Paulo, 2ª ed. Acrópole, 1960.

COSTA, L. *Sobre arquitetura.* Rio Grande do Sul, Universidade, Faculdade de Arquitetura, Centro Acadêmico. Porto Alegre, CEUA, 1962.

GOODWIN, P. *Brazil builds: architecture, new and old, 1952.* New York, Museum of Modern Art, 1943.

MINDLIN, H. *Modern architecture in Brazil.* Rio de Janeiro, Colibris, 1956.

MOTTA, F. *Contribuição ao estudo do "art nouveau" no Brasil.* São Paulo, s.c., p., 1957.

205

REIS FILHO, N. G. *Urbanização e Teoria.* Pioneira, 1967, S. Paulo.

REIS FILHO, N. G. *Evolução Urbana do Brasil: 1500/1720.* S. Paulo, Pioneira, 1968.

SAIA, Luiz. *Evolução da Morada Paulista.* São Paulo, Acrópole Ed. s/d.

STEIN, S. J. *Grandeza e decadência do café.* S. Paulo, Brasiliense, s.d.

TAUNAY, A. de E. *A missão artística de 1816.* Rio de Janeiro, SPHAN, (18), 1956.

TELLES, A. C. da S. *Vassouras; estudo da construção residencial urbana.* Rio de Janeiro, s.d., 1968. Separata da revista do SPHAN, (16), 1968.

VASCONCELLOS, S. de. *Vila Rica, formação e desenvolvimento — residências.* Rio de Janeiro, Instituto Nacional do Livro, 1956.

VAUTHIER, L. L. *Diário Íntimo do Eng. Vauthier.* Publicação do SPHAN, nº 4, Rio de Janeiro, 1940.

BIBLIOGRAFIA DO AUTOR

Evolução Urbana do Brasil. Pioneira Editora, São Paulo, 1968.

Catálogo de Iconografia das Vilas e Cidades do Brasil Colonial — Paulo J. Bruna, colaborador — Museu da Faculdade de Arquitetura e Urbanismo da USP — São Paulo, 1964.

Urbanização e Teoria, Pioneira Editora, São Paulo, no prelo.

ÍNDICE DAS ILUSTRAÇÕES

18 Antiga Rua Direita, Rio de Janeiro. Vista por Thomas Ender.
19 Super quadra, Brasília.
23 Sobrado em Ouro Preto.
25 Casa em Ubatuba.
27 Rua de Ouro Preto. Desenho.
29 Plantas e corte esquemático de um sobrado colonial. Desenho.
31 A casa colonial. Desenhos esquemáticos.
35 Antigo Hospício D. Pedro II, Rio de Janeiro.
37 Asilo São Cornélio, Rio de Janeiro.
39 Planta e esquema da entrada de casa de porão alto.

41 Evolução de construção na primeira metade do século XIX. Desenhos esquemáticos.
45 Residência com entrada lateral, Taubaté.
47 Fachada de uma residência de padrão econômico (1900). Desenho.
49 Planta esquemática de uma residência de pequeno porte, com entrada lateral descoberta (1900). Desenho.
51 Chalé em Petrópolis.
55 Vila Penteado, São Paulo.
57 Praça da Sé, São Paulo.
59 Casa à Rua Frei Caneca, São Paulo.
65 Residência à Rua Padre João Manuel, São Paulo.
67 Plantas esquemáticas de residência de porte médio (1920-1940). Desenho.
69 Residência projetada por Flávio de Carvalho, São Paulo.
73 Residência projetada por Victor Duburgas, São Paulo.
75 Plantas esquemáticas de residências de maior porte (1920-1940). Desenho.
77 Casa de "estilo" moderno, São Paulo.
81 Edifícios São Pedro e Glória, São Paulo.
83 Edifício projetado por Júlio de Abreu à Av. Angélica, São Paulo.
85 Edifício industrial à Rua Frei Caneca, São Paulo.
89 Conjunto Residencial de Pedregulho, Guanabara.
91 Edifícios Louveira, São Paulo.
93 Corte esquemático de residência em São Paulo, projetado por Rodrigo Lefévre e Sérgio Ferro. Desenho.
95 Jardim de residência moderna, São Paulo.
99 Super quadra, Brasília.
101 Habitações populares, Brasília.
103 Galeria do Hotel Nacional, Brasília.
107 Projeto para Sede da Secretaria da Agricultura, São Paulo.
109 Praça Roosevelt, São Paulo.
115 Antigo Hospício D. Pedro II, Rio de Janeiro.
119 Antiga Alfândega, Rio de Janeiro.
121 Palácio do Itamarati, Rio de Janeiro.
125 Casa de Câmara e Cadeia, Rezende.
129 Sobrado em Jacareí.

131 Salão da Chácara da Hera, Vassouras.
132 Planta esquemática da Fazenda Coqueiro, Banal. Desenho.
133 Fazenda Boa Vista, Paraíba do Sul.
138 e 139 Museu Imperial, Petrópolis.
140 Interior do Museu Imperial, Petrópolis.
143 Fazenda do Secretário, Vassouras.
147 Palácio do Governo, Florianópolis.
151 Interior do Palácio do Governo, Florianópolis.
157 Estação Ferroviária, Engenheiro Passos.
161 e 165 Evolução das técnicas construtivas. Desenhos esquemáticos.
167 Janela da Estação de Agulhas Negras.
171 Residência no Largo de Arouche. Desenho.
175 Residência em Taubaté.
177 Detalhe de residência em Taubaté.
181 Palácio Monroe, Guanabara.
185 Pavilhão de São Paulo na exposição de 1918, Rio de Janeiro.
193 Sobrado do Porto, Ubatuba.
195 Casa Esperança, São Sebastião.
195 Faculdade de Arquitetura e Urbanismo, São Paulo.

DESENHOS DE KOISHI SHIDARA

OUTROS LIVROS DO AUTOR

1964 – Catálogo de iconografia das vilas e cidades do Brasil Colonial: 1500/1720 (com participação do arquiteto Paulo Julio Valentino Bruna). Publicação do MUSEUM da Faculdade de Arquitetura e Urbanismo da Universidade de São Paulo, 215 págs., 25 ilustrações.

1967 – Urbanização e teoria. Tese apresentada ao concurso para provimento da cátedra nº 22, "História da Arquitetura II", História da Arquitetura Contemporânea e Evolução Urbana da Faculdade de Arquitetura e Urbanismo da Universidade de São Paulo, 127 págs., 57 ilustrações.

1968 – Evolução Urbana no Brasil: 1500/1720. Pioneira Editora e Livraria, 138 págs., 57 ilustrações. Esgotado.

1982 – São Paulo – Catálogo de Bens Tombados. Coordenação e Introdução. Ed. Expressão e Cultura, Rio.

1987 – Urbanização no Brasil – cap. 8 (séc. XV a XVIII) e 9 (séc. XIX-XX). In: De Teotihuacan a Brasília – Estudios de história urbana iberoamericana y filipina. Coord. Gabriel Alomar. Colaboradores: Geisse, Reis, Hardoy, Messmacher, Rofman, Solano e Trechuelo. Madrid, Instituto de Estudios de Administración Local, p. 351-60 e 371-86.

1989 – Aspectos da história da Engenharia Civil em São Paulo, 1860-1960. São Paulo, CBPO-Editora Kosmos, 255 págs., 256 ilustrações.

1922 – História Urbana de Iberoamerica. Coord. Francisco Solano. Madrid, Ed. Consejo Superior de los Colegios de Arquitectos – Edição

Comemorativa do 5º Centenário da Descoberta da América, 1990/1992. Tomo II – Volume 2, capítulo 4º, p. 516-543. Tomo III – Volume 2, capítulo 11, p. 717-751.

1992 – Campos Elísios, a casa e o bairro – Tecnologia da Construção Civil em 1900. Catálogo da exposição de mesmo título. SCTDE/IMESP, 1992.

Nos CADERNOS DO LAP – Laboratório de Estudos sobre Urbanização, Arquitetura e Preservação da FAU-USP.

1994 – Algumas experiências urbanísticas no início da república: – 1890-1920.

1994 – Habitação popular no Brasil: 1880-1920.

1994 – Notas sobre o urbanismo barroco no Brasil

1995 – O trabalho universitário, os direitos autorais e a propriedade intelectual

ARQUITETURA NA PERSPECTIVA

Quadro da Arquitetura no Brasil
  Nestor Goulart Reis Filho (D018)
Bauhaus: Novarquitetura
  Walter Gropius (D047)
Morada Paulista
  Luís Saia (D063)
A Arte na Era da Máquina
  Maxwell Fry (D071)
Cozinhas, Etc.
  Carlos A. C. Lemos (D094)
Vila Rica
  Sylvio de Vasconcellos (D100)
Território da Arquitetura
  Vittorio Gregotti (D111)
Teoria e Projeto na Primeira Era da Máquina
  Reyner Banham (D113)
Arquitetura, Industrialização e Desenvolvimento
  Paulo J. V. Bruna (D135)
A Construção do Sentido na Arquitetura
  J. Teixeira Coelho Netto (D144)
Arquitetura Italiana em São Paulo
  Anita Salmoni e Emma Debenedetti (D173)
A Cidade e o Arquiteto
  Leonardo Benevolo (D190)
Conversas com Gaudi
  Cesar Martinell Brunet (D307)
Por Uma Arquitetura
  Le Corbusier (E027)

Espaço da Arquitetura
  Evaldo Coutinho (E059)
Arquitetura Pós-Industrial
  Raffaele Raja (E118)
A Casa Subjetiva
  Ludmila de Lima Brandão (F181)
Arquitetura e Judaísmo: Mendelsohn
  Bruno Zevi (E187)
A Casa de Adão no Paraíso
  Joseph Rykwert (E189)
Pós-Brasilia: Rumos da Arquitetura Brasileira
  Maria Alice J. Bastos (E190)
A Idéia de Cidade
  Joseph Rykwert (E234)
Interior da História
  Marina Waisman (E308)
Espaço (Meta)Vernacular na Cidade Contemporânea
  Marisa Barda (K26)
História da Arquitetura Moderna
  Leonardo Benevolo (LSC)
Arquitetura Contemporânea no Brasil
  Yves Bruand (LSC)
História da Cidade
  Leonardo Benevolo (LSC)
Brasil: Arquiteturas Após 1950
  Maria Alice Junqueira Bastos
  e Ruth Verde Zein (LSC)

Este livro foi impresso na cidade de Cotia,
nas oficinas da Meta Brasil, para a Editora Perspectiva.